辰野千壽

学び方の科学

学力向上に生かすAAI

図書文化

まえがき

　今日，学力低下の問題が社会的な関心事となり，文部科学省でも平成14年に「学びのすすめ」を出し，学力の向上を強調し，学習の意欲や学ぶ習慣の形成を提唱しています。

　勉強が大事だということは昔からいわれ，「やる気を出しなさい」「よく勉強しなさい」などと，絶えずいわれてきました。しかし，何を，いつ，どのように勉強すればよいかについては，必ずしも具体的にはいわれませんでした。学習心理学は，学習がどのように行われるか，それにはどのような条件が影響するか，学習効果を上げるためにはどのようにすればよいか，などについて研究していますが，その結果は，必ずしも実際の勉強には結びつきませんでした。

　私は，早くから学習心理学の研究の成果を日常の勉強に役立たせるために，先生，保護者，生徒を対象に多様な本を刊行してきました。しかし，今日，社会も学校も，生徒の考え方も変化し，さらに学習心理学の研究も進んできました。そこで，このような情勢を踏まえ，学習心理学の研究で明らかにされた新しい原理や知識も含めて，あらためて能率の上がる学び方について述べることにしました。したがって，本書は，学び方を科学的に研究した成果の集大成ともいえます。

　なお，私は，生徒が自分の能力を生かすため学習場面においてどのように勉強しているか，学習場面にどのように適応しようとしているか，その学習適応性を調べ，学力向上に役立てるため，すでに昭和41年に学習適応性検査（AAI）を作成し，その後何回か改訂してきましたが，今回，学習心理学の最近の研究成果を踏まえて大幅に改訂しました。したがって，この検査は生徒の学び方を調べ，それを指導するのに役立ちます。その際，指導の具体的な指針を得るのには，本書が役に立ちます。

本書は，指導する先生や保護者を対象にしておりますが，学習する生徒本人にも役立つようになっています。毎日の勉強に生かしていただければ幸いです。

　もちろん，いかに科学的にみて優れた学び方でも，本人が理解し納得するだけでは役立ちません。それを実践することが大事です。そのためには自分のわがままを抑え，苦しくても努力することが必要です。自己抑制，自己制御，自己統制の力をつけ，実践されることを期待します。

　なお，本書の執筆にあたっては，巻末にあげた参考文献以外にも多くの方々の研究や書物を参考にさせていただきました。ここにあらためて謝意を表します。

　終わりに，本書の刊行にあたり，企画，編集，校正のすべてにわたりご尽力いただいた図書文化社の水野昇，大木修平両氏に心から謝意を表します。

　平成18年7月

辰野　千壽

『学び方の科学』
目次

まえがき 3

第1章 学力と学び方 9

第1節 学力を高める学習 10
学力とは／学習の働き／自ら学ぶ／自己統制力を育てる

第2節 学び方の学習 23
学び方と学力の関係／科学的学習法／学習方略システム／効果的な学習方略／学び方の学習／学習スタイルの生かし方

第3節 学び方のテスト―学習適応性検査（AAI）を中心に― 53
学び方のテスト／学習適応性検査（AAI）／本検査の生かし方

第2章 学習態度の育て方 61

第1節 学習意欲を高める 62
意欲とは／学習意欲を高める原理／学習意欲の高め方／学習意欲の起こらない原因とその指導法

第2節 時間の活用―計画的学習― 76
時間活用の原則／計画表の作成／計画表の効果／計画の実行

第3節 学習環境―勉強部屋の生かし方― 85
環境の影響／勉強部屋／勉強部屋の活用／家庭の雰囲気

第3章　学習技術の育て方　95

第1節　授業の効果的な受け方　96
授業は勉強の中心／教師の配慮／授業の上手な受け方／授業のマナー／座席の位置／注意集中の仕方／質問の仕方・答え方／グループ学習の生かし方／討議法の生かし方／効果的な予習・復習

第2節　ノートのとり方・生かし方　116
ノートの効用／ノートの原則／ノートの効果的なとり方／性格とノートのとり方／ノートの評価

第3節　上手な本の読み方・文章の書き方　124
本の読み方／読み方のいろいろ／効果的な読み方／読む技能の学習／ノートの生かし方／文章の上手な書き方

第4節　テストの生かし方　136
テストの効用／テストの準備／テストの形式／テストの答え方／テストと学習法／テスト結果の活用／テスト不安の解消／あがらない工夫

第4章　能力の伸ばし方　149

第1節　頭の働きの活性化　150
知能とは／大脳の発育をよくする／頭の働かせ方／睡眠を上手にとる／適度に休養する／飽きを防ぐ／スランプを防ぐ／筋肉を動かす／ながら勉強を避ける／性格を生かす

第2節　注意力を伸ばす　169
注意の集中とは／注意集中の条件／注意集中の工夫

第3節　観察力を伸ばす　175
観察力とは／観察の仕方／観察力の発達／観察力の伸ばし方

第4節　記憶力を伸ばす　180
　　記憶力とは／記憶の3段階説／記憶の型／記憶力の訓練／上手な覚え方／忘却の心理
第5節　思考力を伸ばす　194
　　思考力とは／思考の型／思考力の発達／思考力の訓練／問題解決の方法／問題解決の具体的な手続き／集団思考の生かし方／問題解決に影響する条件／思考の誤りの原因
第6節　創造力を伸ばす　206
　　創造力とは／創造力を測る／創造力の伸ばし方／指導上の注意／生徒の心がけ
第7節　技能を伸ばす　215
　　技能とは／技能の学習／練習の方法／指導の効果
第8節　応用力をつける　221
　　応用力とは／学習の転移／転移の起こる条件／応用力の高め方／学校教育の課題

参考文献　229

AAI とは

教研式ＡＡＩ（Academic Adjustment Inventory）は，学習意欲・態度，学習技術，学習方略，学習環境，心身の要因など，学習に影響すると思われる要因を広く含めて子どもの学習適応性を測る質問紙検査です。小学校用・中学校用・高等学校用があります。一人一人の子どもの学力向上要因と最適な学習方法の把握に役立ちます。本書『**学び方の科学**』の内容は，**ＡＡＩ**の下位検査項目と対応しており，検査実施後の指導指針を得るのに役立ちます。

ＡＡＩの構成（中学用）

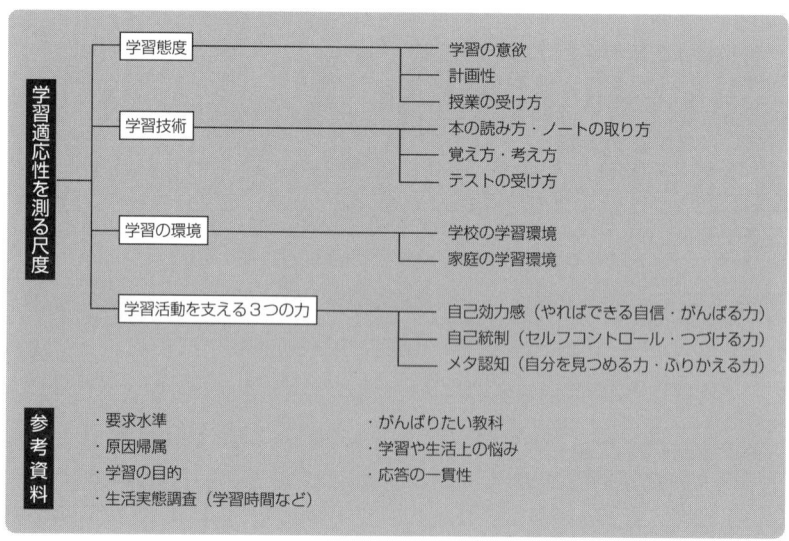

●教研式ＡＡＩに関するお問い合わせは…
　　図書文化社・営業部　電話：03-3943-2511　FAX：03-3943-2519

第1章

学力と学び方

第1節　学力を高める学習
第2節　学び方の学習
第3節　学び方のテスト

第1節 学力を高める学習

1 学力とは

(1) 学力をどう考えるか

「学力が高い」とか「学力がない」とかよくいいますが,この「学力」をどう考えればよいでしょうか。

学力は,教育によって獲得された力,特に教科の学習によって獲得された力です。各教科では,学習の目標が示されており,その目標を習得した場合に,その教科の学力が身についたと考えます。その学力の程度は,教科ごとに成績として表されます。したがって,成績がよければ,「学力が身についた」「学力が高い」といわれるのです。

現在の学校では,各教科の成績は,次の4つの観点(国語は5つの観点)から評価し,それらをまとめて,その教科の成績として表すことになっています。

○関心・意欲・態度　学習することに関心をもち,積極的に課題に取り組もうとしている。

○思考・判断　自分で考え,判断し,課題を解決する能力を身につけている。

○技能・表現(または技能)　思考・判断したことに基づいて表現したり行動したりする能力を身につけている。

○**知識・理解** 新しい課題を解決したり，判断したりするのに必要な知識を理解し，身につけている。

（国語は，「国語への関心・意欲・態度」「話す・聞く能力」「書く能力」「読む能力」「言語についての知識・理解・技能」の5つの観点）

教科の成績は，このような考え方でつけられますが，今日の教育でめざす学力は，知識や技能だけでなく，思考力・判断力・問題解決力，意欲なども含めた，実際に役立つ総合的な学力です。文部科学省では，これを「確かな学力」といい，その向上を強調しています。

したがって，日常の勉強でも，単に知識を記憶するだけでなく，学ぶ意欲や自ら考え，実践する力を身につけることが大事です。簡単にいえば，記憶中心の知識・理解や技能ももちろん大切にしますが，それだけでなく能動的に獲得した問題解決力や態度も重視するということです。

学力を高めるためには，各教科の学習において，これらの点に気をつけ，学び方を工夫することが必要です。

⑵ **基礎学力**

基礎学力という言葉もよく使われますが，これには，2つの考え方があります。

第一は，読み・書き・計算の3つを基礎学力と考える立場です。だれもが身につけなければならない学力で，主として国語・算数の学力と考えられています。これを基礎学力と考えるのは，これが他の教科の学習や社会生活の基礎であると考えるからです。

第二は，どの教科にも，その後の学習に必要な基礎があると考え，それぞれの教科の学習で必要とされる基礎の学力を考える立場です。

 学習の働き

⑴ **学習とは**

学習は「学んで習うこと」であり，家庭や学校などで勉強することです。字の読み書きを覚えたり，計算の仕方を覚えたり，運動の技能やルールを覚えたり，礼儀作法を身につけたり，いろいろの遊び方を覚えたりするのも，すべて学習です。私たちが生きていくため，さらにはよりよい生活をしていくためには，その生活に必要な知識や技能を身につけることが必要ですが，これらはみな学習によります。したがって，学習や勉強は私たちにとって重要です。

　そこで，学習はどのように行われるか，どんな条件が影響するか，それを効果的に行うためにはどうすればよいか，どんな学び方をすればよいかを知ることは，私たちにとって必要なことであり，大事なことです。心理学では昔から，この問題を学習心理学として研究してきており，学び方も研究の対象になっています。

(2) 学習の過程

　学習の効果を上げるためには，学習はどのように進むか，その過程について正しく理解しておくことが大事です。それにより，どの段階で，どんな学び方をすればよいかもわかります。ここでは，一般に考えられている過程について，順序を追って説明します。

　ステップ1：学習意欲が起こる　　新しいことを知りたい。よい成績をとり，人に認められたい。もっと有能になりたい。よい学校に入りたい。人は，このようにいろいろの欲求をもち，それを満足させようとして勉強を始めます。ところが，まったく勉強に興味を示さない人もいます。この場合にも，何事にも興味を示さないとか，遊びには興味を示すが勉強には興味を示さないとか，ある教科の学習には興味を示すが他の教科には興味を示さないとか，いろいろあります。勉強に興味を示さない人に対しては，なぜ興味がないのか，その理由を考え，意欲を高める工夫をする必要があります。

　ステップ2：注意する　　学習しようという気持ちが起こると，学習に対し，何を見，何を聞くかに対して準備をします。言い換えれば，教材に注意

を向け，それに注意を集中することが必要になるということです。

ステップ3：知覚する　感覚器官に入ってくる刺激（情報）を弁別し，必要と思われるものを取り入れます。その人の欲求，興味，感情との関係で何を知覚するかが決まりますが，ここで認知型が問題になります。認知型とは，外界から刺激を受け取るときの見方・考え方・処理の仕方のことです。例えば，ある人は教科書を読んで学習するのを好み，他の人は先生の講義を聞くのを好むのは，認知型の違いです。また，問題を解くとき，あまり考えずにすぐ問題の解決を始める人や，問題文をよく読み，よく考えて解決に取り組む人がいますが，これも認知型の違いです。その好む認知型を考えてみることが大事です。

ステップ4：学習（獲得）を始める　これは，新しい知識や技能を習得し，問題の解決を始める段階です。学習では，読み・書き・計算を学習したり，文章の意味を理解したり，算数の文章題を解いたりしますが，その内容によって，反復練習によるか，記憶に力を入れるか，思考に力を入れるか，などの学習の仕方の違いがあります。

ステップ5：保持する　学習したことを記憶し，できるだけ長く覚えている（保持）ことです。保持には，短期記憶（直接記憶ともいわれる）と長期記憶（間接記憶ともいわれる）とあります。前者は学習後数秒から数十秒にかけてのきわめて短い期間の保持であり，後者はそれ以上の長期にわたる保持です。学力を高めるためには，いかに長期記憶を維持するかが問題になります。学習の研究では，保持が減少することを忘却といい，忘却がどのように進むか，その過程を忘却曲線で表しています。そして，なぜ忘却が起こるか，どんなとき忘却が起こりやすいか，忘却を防ぐにはどうするかについても研究しています。

ステップ6：転移する　1つの学習を行うと，その学習の効果は，次の学習に影響します。前の学習が後の学習を促進する場合を積極的転移といい，逆に後の学習を妨げ，悪い影響を及ぼす場合を消極的転移といいますが，一般に転移といえば，前者をさすことがほとんどです。これは新しい場面に

応用できることを意味し，この応用ができる学力が確かな学力といえます。学力を高めるためには，転移がどんな場合に起こりやすいかを明らかにし，それを踏まえて勉強することが大事です。

ここにあげた学習の過程を，ガニエは**図1-1**のように示しています。

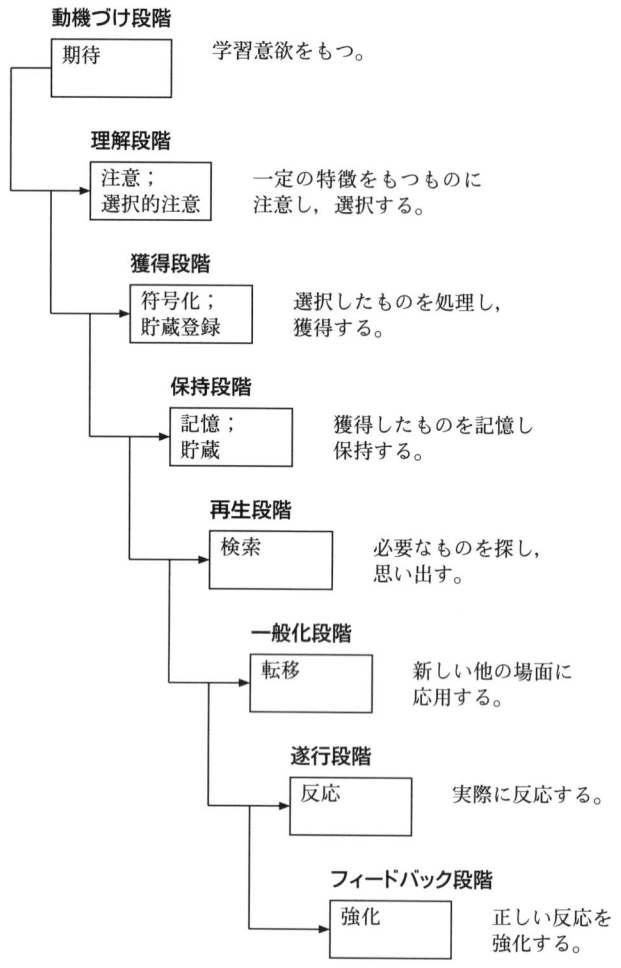

図1-1　学習行為の段階（ガニエ）

(3) 学力形成の理論——学習の理論

　このような学習は，どのようにして成り立つのでしょうか。その説明は，大きく分けて2つ，折衷を入れると3つに分類されます。

①　行動理論——反復練習で説明する

　ある刺激（情報）に対し，学習者が正しい反応をしたとき，それに賞を与え，誤った反応をしたとき，罰を与えることを繰り返すことによって，その刺激に対して正しい反応が結合し，学習が成り立つと考えます。ここでは刺激と反応の結合を中心に考え，反復と賞罰の役割を重視します。本人がどう考え，どう理解したかは問題にしません。

　例えば「犬」という字を「イヌ」と読むような場合です。この場合には，「犬」という字を見たら，すぐ「イヌ」と発音させ（接近の法則），正しい場合には，すぐ「よい」と言い，まちがった場合には「まちがい」と言い（効果の法則・強化の原理），これを何回も繰り返す（練習の法則）ことが大事です。

　単語の読み方，意味，算数の＋－×÷などの記号，長さや重さの単位，図形の名前，社会の地図の記号，地名，山や川の名前，理科の実験器具の名前や記号など，一定の約束によってできた知識の学習は，この原理によると考えます。もちろん，自分でリズムをつけたり，意味を考えて覚えるのは，よい工夫です。これは記憶術の応用です。

②　認知理論——理解で説明する

　刺激（情報）が与えられたとき，その意味を考え，ものとものとの関係を考え，その内容を理解して覚えるとき学習できたと考える立場です。この場合には，本人が「わかった」とか「よくやった」と満足感を覚えることが大事で，外から賞罰を与えることは必要でないと考えられています。

　例えば，「犬」という動物は何かを学習するときには，いろいろの犬を比べて共通の特質を取り出すことができたとき，犬について理解したといえます。「四角形」という図形についても同じで，三角形，四角形，五角形など多数のものを比較し，共通の特質（4つの辺と4つの角）に気づいたとき，

四角形の意味を理解したことになります。

　いろいろの法則を理解したり，文章を読んで理解したり，文章題を解いたりする場合の学習も同じです。内容を理解し，自分のもっている知識と関係づけ，「わかった」というときに学習が成り立つのです。ただ丸暗記するのでなく，自分で考え，意味を理解できたときに学習したというのです。意味を構成するというところから「構成主義」ともいわれます。その際，このような認知が個人の頭の中で起こると考える立場は認知主義といわれ，認知は社会的な相互作用の中で起こると考える立場は社会的構成主義といわれます。

　そこで，学習の効果を上げるためには，本人が情報をどのように受けとめ，処理すればよいかが重要になり，これまで以上に学び方（学習方略）が研究されるようになったのです。

③　認知行動理論——理解と反復練習で説明する

　意味の理解ができたときに報酬を与えたり，賞罰を与えて理解への意欲を引き起こし，学習を促進しようとする考え方です。これは，行動理論と認知理論の折衷で，広い領域の学習を説明できます。

　学力には，前にも述べたように，知識・理解や思考・判断，技能・表現など，いろいろの面がありますが，そうした学力を身につけるには，これらの理論が示すように，記憶し，反復練習することが必要なときもあるし，意味や関係を理解することが必要なときもあります。学習にはいろいろのやり方があることを理解し，獲得すべき目標に適切な方法を用いることが大事なのです。

(4)　学習の原理

　このように，学習がどのようにして成立するかについては，いろいろの理論がありますが，実際の学習では，これらの理論から生じた，次のような原理が役立ちます。学習を指導する場合には，これらを念頭におくことが大事です。

① **自発性の原理**　学習は，本人が自らすすんで積極的に学ぶとき，最も能率が上がるという考え方です。内発的動機づけを重視します。

② **個性の原理**　人はそれぞれ独自性をもっているので，本人の特徴を考え，それに応じた勉強の仕方をするとき，能率が上がるという考え方です。

③ **社会化の原理**　学校の学習は，学級という集団の中で行われます。集団に適応し，仲間と話し合うことによって，自分の考えの足りないところや誤っているところに気づき，新しい考え方や知識を習得することができます。したがって，協力的，友好的に学習することが大事です。

④ **目標明確化の原理**　何のために，何を，どこまで学習するか，学習の目標を明確にします。目標が明確になれば，どんな順序で勉強すればよいかも明らかになり，学習意欲も高まります。また，どこまでできたか，自分の達成状況を自己評価することもできます。

⑤ **有意味化の原理**　学習は，本人に理解され，意味のあるものになるとき，最も効果的に行われます。意味のあるものにするためには，自分の生活に関係づけること，学習していることをよく理解することが大事です。

⑥ **学習完全化の原理**　各生徒に，その課題を達成するのに必要な時間を十分に与え，教師がうまく指導すれば，学習課題を完全に習得できるといわれています。それぞれの課題を学習するのに必要な時間を十分にとり，その時間を十分に活用し，不快に耐え，失敗を恐れず，根気強く勉強することが大事です。そして，1つの課題を完全に習得してから，次の課題に進むようにします。

⑦ **成功経験の原理**　学習でよく失敗する人は，学習をあきらめたり，勉強ぎらいになったりします。これに対して，成功経験を重ねる人は，自信（自己効力感）をもち，自分の能力を最大限に発揮するようになります。もちろん，誤りや失敗からも学習することがありますが，あまり失敗ばかりしていると挫折してしまいます。「簡単なものから複雑なものへ」「よく知っているものから新しいものへ」「具体的なものから抽象的なものへ」と進み，成功経験を重ねるようにすることが大事です。

⑧ **系統化の原理**　　学習の効果を上げるためには，学習を順序よく進めることが必要です。学習課題を分析し，順序を追って学習するようにします。プログラム学習は，その典型です。そこでは，学習者が理解できる程度に教材を幾つかの段階に分け，それぞれ問い—答えの形にしたプログラム（教材）で学習するようになっています。

⑨ **自己発見の原理**　　学習では，学習者自身が積極的に質問したり，応答したり，作業したりすることが大事です。概念や法則の意味，さらには問題解決の仕方も初めから教えないで，自分で見つけることを重視するのです。これは発見法といわれています。確かに自分で発見するという経験は，特定の知識や技能を学ぶ以外に，自主性，動機づけ，創意工夫，自信などの特性を身につけるのに役立ちます。もちろん，難しい課題では，教師が適切なヒントを与えたり，指導したりすることがあります（誘導発見法）。

⑩ **自己監視・自己評価の原理**　　自分がどのように学習しているか，どこがよく，どこが悪いか，どんな誤りをしたかなど，自分で調べ，評価し，悪いところは修正していくことが大事です。自ら目標を設定し，その学習過程を自ら点検し，自ら評価し，自ら賞罰を与える，この学習は「自己制御学習」といわれ，自分の学習過程を自ら監視・制御・評価・調整する活動はメタ認知的活動といわれています。このような学習ができれば学習の効果が上がると考え，今日の教育では，自ら学び自ら考える力の育成の立場からこれを重視しています。

3　自ら学ぶ

(1) **自己制御学習**

　昔から，自らすすんで，人に頼らないで勉強することが大事だといわれています。学校では，自発的，自主的学習として重視してきましたが，今日では，さらに社会の変化にうまく適応していくためには，自ら学び，自ら考える力を身につけておくことが大事だと考え，自らすすんで勉強することを強

調しています。

　この学習では，自分の学習過程を自分でコントロールすること（自己制御）が必要であり，近年，この学習を自己制御学習とよんでいます。そして，この自己制御学習を行う力を自己制御学習力とよび，その力を育てることを重視しているのです。

　この自己制御学習の過程において，自己制御がどのように働くかについては，**図1-2**が参考になるでしょう。この過程では，次の順序を考えます。

　① **入力**　　まず，刺激（情報）がきます。

　② **感覚登録器**　　外界からの刺激は，目，耳などの感覚受容器を刺激し，注意を引く項目が選択され，次の作業記憶に送られ，他は廃棄されます。

　③ **作業記憶・短期記憶**　　選択された項目はここで処理され，以前の知識と結合され，次の長期記憶に送られます。作業記憶は項目を処理する面を表し，短期記憶は項目を貯える面を表したものです。作業記憶は，項目を処理して長期記憶に送り込んだり，また必要に応じて長期記憶から項目を探して再生したりする働きをします。考えたり，問題を解決したりすることも，ここで行われます。

　④ **長期記憶**　　学習された項目はここで長期間たくわえられます。以前にたくわえた知識と統合され，体系化されると一層長く保持されます。

　⑤ **活性化**　　学習され，保持されている項目は必要に応じて，再び作業

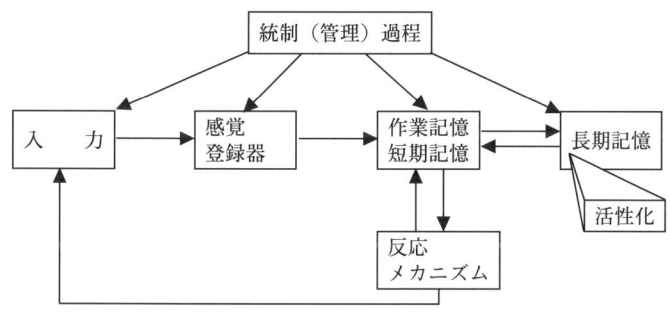

図1-2　情報処理（記憶）モデル（シュンク）

記憶に呼び戻され、そこで反応がつくられ、表に表されます（反応メカニズム）。

この過程において、管理的技能と非管理的技能が働きます。非管理的技能は、課題を処理する際に実際に用いられる技能、例えば、数える、読む、覚える、考えるなどの知的技能であり、学習者の外にあることがらを対象にします。これに対して、管理的技能は、課題を実行することを計画し、自分がどのように行っているかを監視（チェック）し、統制・制御し、評価する技能であり、自分の外にあることがらは扱わないで、自分の認知的過程だけを扱います。これはメタ認知的技能といわれます。

自己制御学習では、この管理的技能の働きが重要であり、自ら学ぶ力をつけるには、この学習が行われるステップを考え、管理技能の働きを強めることが大事です。

この自己制御学習は、次のステップを踏んで行われます（チマーマンら）。

ステップ1：自己評価と自己監視　以前どんな学習をして、どんな結果を得たかを自分で考え（自分で調べる）、自分が何ができるかを判断します。

ステップ2：目標設定と方略設計　自分の以前の学習の程度から、自分は何を学習するか、実際の目標を立て、その目標を達成するためには、どんな方法を用いればよいかを決めます。

ステップ3：方略実行と監視　決めた方法で学習し、うまく学習できているかを自分で点検します。

ステップ4：方略実行の結果の監視　実行した方略が、どんな学習結果をもたらしたか、その方法でどんな結果が得られたかを調べ、よい結果が得られなければ、そのやり方を変えます。

実際の学習では、このステップの順序を繰り返すようにします。その際、次の点に注意します。

- 適切な目標を立てる。目標が高すぎても、低すぎてもうまくいかない。
- 自分の進歩を記録する。
- 記録を見て、自分が予定したとおりうまく勉強したかを考える。

・うまくできたと思うときには，自分の好きなことをして気分をよくする。それにより，次にも勉強しようという気持ちになる。

(2) 学び方の理解と実践

　自己制御学習力を身につけるためには，前述の学習のステップをすべての学習において繰り返すことが必要ですが，同時に効果的な学び方を理解し，それをいつ，いかに用いるかについて，よく理解し，実践することが必要です。理解しても，日常の勉強で実践しなければ，よい結果は得られません。それには，我慢強さ，根気強さ，すなわち自己統制力が必要です。

　なお，効果的な学び方については，本章の第2節に述べます。

自己統制力を育てる

(1) 自己統制力とは

　自己統制力は，自分で自分を統制し制御する（セルフコントロールする）力で，昔から自制心とか克己心，自律心とかいわれていたものです。自己統制，自己制御は，自分の感情・欲望・行動を制御するだけでなく，自分の立てた計画を積極的に遂行したり，最後までやり遂げることを含んでいます。

　すなわち，自己統制には，「抑制的な働き」と「促進的な働き」の2つの面があります。前者は，満足を延期したり，誘惑に抵抗し，それに負けないようにすることができるといった我慢する働きであり，後者は積極的に努力を持続したり，やりかけた仕事を最後までやり遂げるといった働きです。「朝起きられない」「勉強も計画倒れになる」「すぐかっとする」「約束を守れない」などというのは，自己統制力の欠如からくるものです。

(2) 自己統制力の育成

　自己統制力を身につけさせるには，前述の学習理論に基づいた方法を用いますが，具体的には，次の方法によります。

① **規則正しい生活をさせる**　家庭でも，学校でも，規則正しい生活をさせます。相手の立場を考え，迷惑をかけないといった最低限の社会的ルールを守らせます。個性尊重，自発性・自主性尊重ということが行き過ぎて，わがままを認めていては，自己統制力は身につきません。

② **自己理解を深める**　常に自分を見つめ，自分を客観的に見るようにさせます。これにより主体としての自己を確立し，客体としての自己を制御することができるようになります。今日の教育では，自己点検・自己評価が重視されていますが，これも自己理解に役立ちます。また，他の子どもと比較したり（相対評価），競争したりすることも，自分を理解する機会となります。

③ **困難に挑戦させる**　好きなこと，やさしいことばかりしていたのでは，我慢する力，努力する力はつきません。苦しくても我慢して努力を続けることにより，成功感，成就感を味わうことができ，さらに自己効力感（自信），有能感をもつようになり，自己統制も身につきます。

④ **よい手本を示す**　親や教師が自己を制御し，衝動的な振る舞いをしないようにします。大人がすぐかっとしたり，自分の欲求のままに自己主張や権利の主張をし，責任を負わない姿を見せていては，子どもに自己統制力は育ちません。

⑤ **意図的に形成する**　アメリカでは，自己統制力を意図的に形成するためのプログラムをつくり，目標設定，自己監視，自己評価，自己強化の過程を訓練し，効果を上げているそうです。そして教育では，次の指針があげられています（ウールフォルク）。

・子どもが適切な目標を設定することを学習するのを助ける。
・子どもが自分の進歩を記録し，評価するのに役立つ方法を教える。
・子どもの記録と評価が正確かどうかをときどきチェックする。
・子どもに自分自身を強化する（報酬を与える）機会を与える。

第2節 学び方の学習

1 学び方と学力の関係

　前節で，自己制御学習において，学び方の習得が大事だといいましたが，この学習の仕方のよしあしが学業成績に影響することは昔からよく知られています。学習法とか学習習慣・態度がよければ成績もよくなる，というのです。この点については，外国では，すでに1920〜30年代からよく研究されています。

　例えば，ボローという学者は，1949年に大学生用の学習法調査票を作り，①カリキュラムへの適応（カリキュラムへの満足度），②目標の成熟（目標をはっきり意識している程度）とそれに対する要求水準，③時間の計画と使用，④勉強の技術と実践，⑤精神的健康，⑥人間関係の6つの領域から大学生（男子155人）の学習法，学習習慣を調べ，その得点と学業成績との関係を**表1-1**のように示しています。相関係数が高いほど，両者に関係があることを示します。確かに学習法，学習習慣と学業成績との間にある程度の関係があることがわかります。

　さらに，大学女子学生で知能に比べ学力が高い者（81人）と知能に比べ学力の低い者（67人）について，学習法調査票の得点を比べています。その結果は**表1-2**のようで，学力の上下によってはっきり違いが現れています。これは得点の高いほど，学習法がよいことを示します。この結果は，知能は

表 1-1 学習法と学業成績との関係(ボロー)

領域	相関係数
カリキュラムへの適応	0.297
目標の成熟と要求水準	0.312
時間の計画と使用	0.413
勉強の技術と実践	0.216
精神的健康	0.268
人間関係	0.162
全体	0.358

表 1-2 学力上位群と下位群の学習法の比較 (ボロー)

領域	学力上位群	学力下位群
カリキュラムへの適応	18.31	15.22
目標の成熟と要求水準	22.05	18.90
時間の計画と使用	23.46	17.55
勉強の技術と実践	30.05	25.61
精神的健康	19.81	16.46
人間関係	18.94	17.96
全体	132.61	111.70

同じでも、学力に上下のあるときには、学業成績のよい者のほうが、学業成績の悪い者よりも明らかに学習法がよいことを示しています。

また、ブラウンとホルツマンは、1955年に、大学生の学習法を測定する質問紙を作り、これを大学新入生に適用し、1学期の学業成績との関係を調べています。それによると、男子（285人）の相関係数は0.50、女子（209人）の相関係数は0.46となり、学習法と学業成績との間には、かなりの関係があることがわかります。また、彼らは、学習法調査票の得点と1学期の学業成績、知能、読書能力との相関を表1-3のように示しています。学習法の得点は、知能や読書能力とはある程度の相関を示していますが、学業成績との相関は、それよりも高い相関を示しています。したがって、彼らは、学習法のよしあしは、その後の学業成績の予測において重要な役割を果たすといっています。

筆者も、1966（昭和41）年に学習適応性検査（AAI:Academic Adjustment Inventory）を作り、学習法と学力との関係をより厳密に調べました

表 1-3 学習法, 学業成績, 知能, 読書能力の相関 (ブラウンら)

テスト	男子（144人）			女子（176人）		
	知能	読書能力	成績	知能	読書能力	成績
学習法	0.30	0.39	0.59	0.21	0.43	0.52
知能		0.75	0.57		0.83	0.63
読書能力			0.58			0.64

第2節 学び方の学習 25

（この検査の詳細については次節を参照）。

　ここでは，学び方と学力との関係について，中学1年生600人を対象に1971（昭和46）年に行った研究を紹介します。

　初めに知能検査（教研式），学力検査（教研式，国・社・数・理・英），学習適応性検査（AAI）の3つの検査を行い，次に知能検査の結果から，生徒一人一人の新成就値を計算しています。新成就値は，単に学力偏差値と知能偏差値との差で表す成就値と異なり，学力検査で実際に得た学力と，知能から期待される学力との差を表したものです。この新成就値がプラスになれば，その生徒は能力以上の努力をしていることになり，マイナスになれば，努力が足りないことになります（第3節p. 60参照）。

　この3つの検査の結果から，次のことがわかりました。

　第一は，一般にいわれているように，平均値でみると，学習適応性（学び方）の優れている生徒のほうが，その低い生徒よりも，5教科すべてにおいて，新成就値（学力）が高くなっていることです。

　第二は，知能の段階と学習適応性との関係です。知能の段階は，知能上（偏差値65～74），知能中上（偏差値55～64），知能中（偏差値45～54）に分けました。そして，各段階において，学習適応性のよしあしに応じて各教科の新成就値がどうなっているかを調べました。

　このような結果から，知能の上下にかかわらず，学習適応性の優れている者のほうが，劣っている者よりも5教科のすべてにおいて学習効果を上げていることがわかりました。特に，知能段階中の生徒は，学習適応性が悪いと，学業不振に陥りやすいといえます。

　さらに，今回（2006〈平成18〉年）改訂した新学習適応性検査の得点と学力の関係をみると，同様に学習適応性の優れているほど，学力も高くなっています。まず，小学校6年生について，学習適応性を5段階に分け（評定値の高いほど学習適応性がよい），それぞれの段階における国語・算数の新成就値（平均）をみると，**図1-3**のようになります。明らかに，学習適応性が優れているほど，学力も高くなっています。

26　第1章　学力と学び方

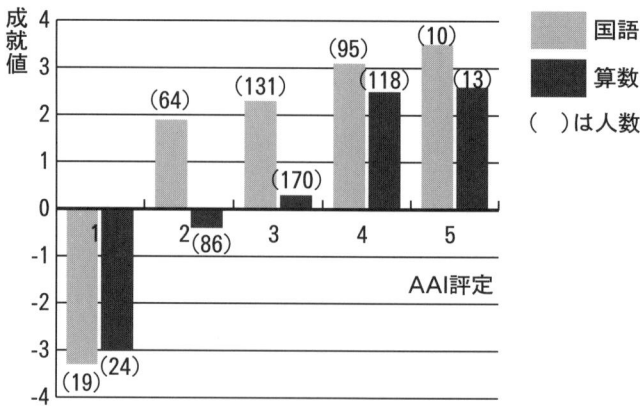

図1-3　AAIの5段階評定と教科ごとの成就値（小学6年）

　次に，同様の研究を中学3年生に行った結果は，**図1-4**のようになります。この場合にも，明らかに学習適応性の優れている生徒ほど，国・社・数・理・英の5教科において知能から期待されている学力（新成就値）をあげていることがわかります。

　このようにみると，学習法のよしあしが学習効果を上げるために，いかに大事かがわかります。

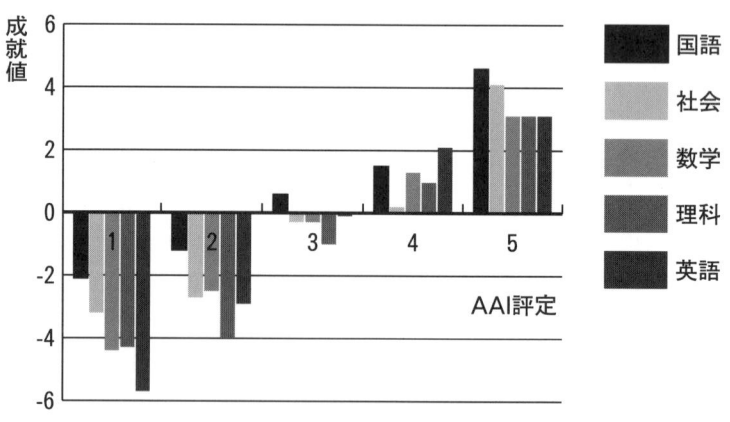

図1-4　AAIの5段階評定と教科ごとの成就値（中学3年）

2 科学的学習法

「勉強に名人芸なし」とか,「学問に王道なし」といわれるように,勉強には,白を黒に変えるような魔法はありません。しかし,特別な秘訣はないにしても,最小の努力(最小の時間やエネルギー)で最大の効果を上げるために,いろいろの工夫がなされてきました。

特に学習心理学では,学習の原理や方法について研究してきました。そして,その成果を実際の学習に応用し,生かしていく「科学的学習法」が提唱されています(タッシング)。ここでは,従来強調されている科学的学習法の主なものを紹介しましょう。これらは主に,教科書などを読んでその内容を理解し,記憶するための効果的方略として考えられたものです。各生徒にどの方法が適するかを考えて,それを活用することが大事です。

(1) P－A－T法 (Previewing-Attacking-Testing)
① あらかじめざっと見る (Previewing)
・課題にざっと目をとおす。テキストやノートの見出し,絵,グラフ,表,各節の最初の文などをざっと見る。
・課題の初めと終わりの文節を注意深く読み,特にテーマに関係した文章に注意する。
・課題の初め,あるいは終わりに質問があるならば,それをすばやく見る。
② 本格的に取り組む (Attacking)
・積極的に読む。内容を心にとめるように努める。
・下線を引き,傍注を作る。
・自分の学習に有効である方法は何でも用いる。
③ テストする (Testing)
・テストに出そうな質問を自分でしてみる。
・数人の生徒と一緒に,交互に質問し合う。

- テキストの中の質問に答える。
- テストしてみて、理解が十分でないと思った部分をもう一度読む。

(2) S・Q・3R法（The Survey Q 3R Method）

アメリカの教育心理学者ロビンソンが提唱した方法で、本の読み方、記憶の仕方として役立ちます。次の5つの段階から成り立っています。

① **概観する（Survey）**　章の見出しをざっと見て、これからどんなことが書かれているかに注意する。また、章の概括があれば、それも見る。この方向づけによって、あとで読むことを体系づけることができる。

② **設問する（Question）**　最初の見出しを質問の形に置き換える。これは好奇心をよびおこし、理解を増す。

③ **読む（Read）**　前に作った質問に答えるつもりで読む。積極的に活字を追っていくのではなく、正しい答えを求めて積極的に読むことになる。

④ **暗唱する（Recite）**　最初の部分を読み終わったら、書物やノートから目を離し、質問に対する答えを簡単に言ってみる。自分の言葉で例をあげてみる。もし、これができなければ、その部分をもう一度ざっと見る。

⑤ **復習する（Review）**　前述のやり方で、一定部分を全部読み終わったときには、要点やその相互関係についてまとめるため、テキストやノートにざっと目を通し、各見出しに対する重要な点を復習する。記憶を確かめるためには書物やノートを見ないで、主な点を思い出してみる。

なお、その後トーマスとロビンソンは、これを改訂し、P・Q・4R法を提唱しています。Pは下見をする（Preview），Qは設問する（Question），4つのRは読む（Read），熟考する（Reflex），暗唱する（Recite），復習する（Review）を示しています。

(3) 5段階学習プラン（The Five Step Plan）

① **第一段階　ざっと見る（The Once over）**　学習すべきところを4，5分ざっと見渡したり、各節や章の最初の文とか、まとめを読んだりし

て，学習すべき内容について，だいたいの見通しが立つようにする。

② 第二段階　疑問をもつ（Who? What? Why? When? Where? How?）

「だれが，何を，なぜ，いつ，どこで，どんな方法で」といったことを考え，学習内容について好奇心をもつようにする。学習内容にざっと目を通すときに，質問を2，3作る。質問をもつと，これから何を学習するかがはっきりする。

③ 第三段階　読み，かつ覚える（Read and Remember）　学習内容を最初から終わりまで読み，自分で設けた質問に，頭の中で答えてみる。また，質問しなかった重要な部分にも注意を払う。

④ 第四段階　よく考え，述べる（Think-Talk it over）　1つの課が終わったら，各節とか各トピックを振り返り，それを言ってみる。全部できるまで続ける。

⑤ 第五段階　テストする（Test）　あとで，すなわち翌日とか，授業の前に，概念と考えを繰り返すことによって，記憶をテストしてみる。細かい点を忘れていたら，もう一度読んで，記憶を新たにする。こうすれば，いまや試験の準備ができたことになる。

(4)　学習－休憩－学習－休憩法（The Study-Rest-Study-Rest Method）

この方法は，学習時間が長いときに役立ち，学習内容を習得するのを助けます。学習時間として特定の長さは提案されていませんが，一般的にいって45分程度が適切のようです。休憩時間は，ずっと短くてよいでしょう。数分のくつろぎでさえも，学習によい結果をもたらし，能率を高めることができます。また，学習活動を変えることも，気分転換になります。例えば，英語の学習を数学の学習に変えると，気分が一新するものです。

(5)　質問－答え法（The Question and Answer Method）

この学習法では，質問を3×5インチのカードの表に書き，答えを裏に書きます。そして，各質問に答えるたびに，答えが正しいかどうかをみるため

に裏返す。カードをポケットに入れておくことによって，いつ，どこでも利用できます。この方法は学習と記憶を大いに助け，そしてテスト問題を予想することができます。

(6) 概略法（The Outline Method）

読む章について簡単にあらましをまとめることは，章の中の最も重要な考えを取り出すのに役立つ助けとなります。この方法は，どの科目でも用いられます。この方法の主な目的は，アイデアを論理的に，そして効果的に体制化することであり，正しい目的地に導く地図，あるいは自分の構造を作るために材料を適合させる枠組みとして考えられます。これは論文を書くこととノートをとるという2つの方法において，大いに価値があります。

(7) 図式法（Diagram Method）

図式法（図表に表す方法）は，完全な学習方式ではありませんが，他の学習法と一緒に用いるときには役立ちます。図式は，重要な点を見分け，記憶するときに効果があります。読みと講義のノートは，アイデアを明らかにし，関係のある事実をグループにまとめるため，随時図表を用いることによって改善されます。

3　学習方略システム

前述のように，従来いろいろの学習法が提唱されてきましたが，いずれもすべての生徒に，そしてすべての科目に適するとはいえないというところから，それぞれの生徒が自分に最も適すると思われる方法を用いるのがよいとされてきました。ところが，その後ダンセローらは，従来断片的に取り上げられてきた学習法を「学習方略システム」として体系化し，その改善のための訓練プログラムを作っています。これは学習法の全体像を理解するのに役立つので，次にその要旨を紹介しましょう。

この学習方略システムは，学習方略を「主要方略」と「支援方略」とに分け，さらにそれをいくつかの下位方略に分けています。**図 1-5** は，その概要を示しています。以下，これについて簡単に説明します。

(1) **主要方略**

これは，学習内容に直接働きかけ，理解したり，記憶したり，再生したりするための方法で，「理解・保持方略」と「再生・利用方略」とに分かれます。

① **理解・保持方略**　これは，学習の内容をよく理解し，自分の知識の体系の中に組み入れるための方法で，次の 6 つのステップを含んでいます。

- **気分**（M：Mood）　学習へ向かう気分を引き起こす（支援方略にも含まれる。図では省かれている）。
- **理解**（U：Understanding）　理解するために読み，大事なアイデアに印をつける。
- **再生**（R：Recall）　テキストに頼らずに学習した内容を思い出す。

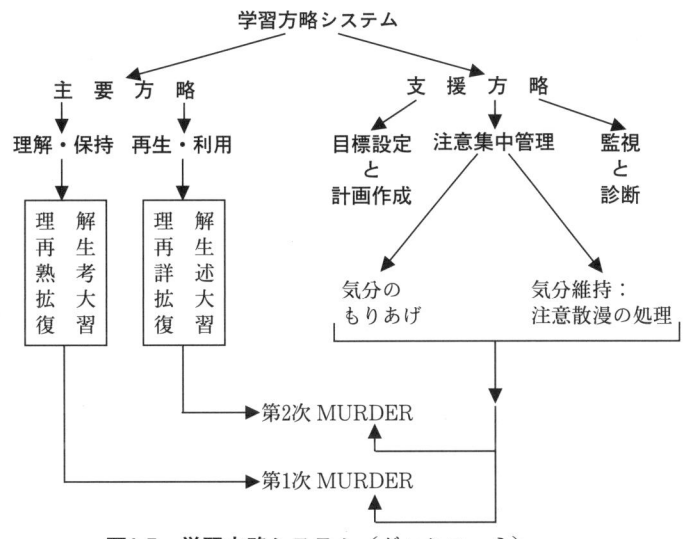

図1-5　学習方略システム（ダンセローら）

- **熟考**（D：Digest）　内容をよく考え，自分のものにする。理解できないところは，さらに理解するようにする。
- **拡大**（E：Expand）　「著者にどんな質問をしたいか」「どうすればこれを応用できるか」などの疑問をもつことによって知識を拡大する。
- **復習**（R：Review）　誤りを調べ，その原因を明らかにする。見直し，再検討する。

　これらの下位方略を思い出しやすくするため，理解・保持の方略は，それぞれの頭文字をとって「第一次MURDER」と呼ばれています。

　② **再生・利用方略**　これは，学習した知識を再生し，利用するための方法で，次の6つのステップを含んでいます。

- **気分**（M：Mood）　学習へ向かう気分を引き起こす。
- **理解**（U：Understanding）　課題が何を求めているかを理解する。
- **再生**（R：Recall）　課題が求めているものに関係した主な考えを再生する。
- **詳述**（D：Detail）　主な考えと関係する細かい点を再生する。
- **拡大**（E：Expand）　再生したことを知識の体系と関係づける。再生した知識を体制化することである。
- **復習**（R：Review）　最後にやったことが正しかったかどうかを再検討する。

　この再生・利用の方略も，下位方略を思い出しやすくするために，それぞれの頭文字をとって「第二次MURDER」と呼んでいます。

(2) 支援方略

　これは，学習に適するよい状態，すなわちやる気を出す，注意を集中するといった状態を作り出すための方法であり，次の3つの方略を含んでいます。

　① **目標の設定と計画表の作成**　長期（例えば，1学期）と短期（例えば，1日）の学習目標を明らかにし，その目標を達成するために計画表を作成します。これについては，次の理由があげられています。

- 計画が立てられないと，自分の進歩を適切に評価できない。
- 課題が下位目標に分けられていないと，必要以上に楽観的になったり，逆にまだ足りないと悲観的になったりする。
- 計画表を書かないと，計画を覚えていなければならなくなり，かえって頭を無駄に使うことになる。

確かに，このような計画表の作成は，動機づけの点からみても，自己評価の点からみても効果があります。

② **注意集中の管理**　学習効果を上げるためには，注意を集中させることが必要です。そこで，気分をもり上げることと，その気分を維持すること（注意散漫の処理）が問題になってきます。

気分をもり上げる方法としては，従来取り上げられている動機づけの方法が役立つとし，注意散漫を防ぐ方法としては，弛緩（リラクセーション：心身の緊張をゆるめること），自己への積極的語りかけ（努力すればよい成績がとれると自分に話しかける），学習課題に直面したときに生じるイメージの使用などをあげています。

③ **監視と診断**　自分自身で学習の進歩の程度を調べて，不十分なところはどこか，注意・集中はどうか，どんな材料が必要か，読みの速さはどうか，などを見直し，必要に応じて適切な修正を加えます。そして学習が終わったとき，期待どおりであれば，自分でほうびを与えます。

ダンセローらは，この学習方略システムについて，大学生を対象に1学期（15週，2単位のコース）で訓練し，学習技能にはもちろん，学力に対しても，その効果を認めています。

4　効果的な学習方略

私たちは，学習の際，課題とその学習の段階に応じて，いろいろの学習方略を用います。ワインスタインらは，これらの学習方略に含まれる具体的方法（学習技能）を**表1-4**のように示しています。ここでは，その主なものに

表 1-4 学習方略のタイプ（ワインスタインら）

カテゴリー	タイプ
リハーサル	逐語的に反復する。 模写する。 ノートに書く。 下線を引く。 明暗をつけるなど。
精緻化	イメージあるいは文を作る。 言い換える。 要約する。 自問する。 ノートをとる。 類推する。 記憶術を用いるなど。
体制化	グループに分ける。 順々に並べる。 図表を作る。 概括する。 階層化する。 記憶術を用いるなど。
理解監視	理解の失敗を自己監視する。 自問する。 一貫性をチェックする。 再読する。 言い換えるなど。
情緒的	不安を処理する。 注意散漫を減らす。 積極的信念をもつ（自己効力感，結果期待）。 生産的環境を作る。 時間を管理するなど。

ついて述べることにします。

(1) リハーサル方略

「リハーサル（rehearsal：復唱）」は，学習材料を学習した後に，それを見ないで繰り返すことです。「レシテーション（recitation）」ともいわれます。その場合，声に出して繰り返すこともあるし，声に出さないで繰り返すこともあります（内言による反復）。このリハーサルには，次の2つの型があります。

① **維持リハーサル**　機械的リハーサルあるいは機械的反復ともいわれます。電話番号を調べて電話をかけるとき，さしあたり忘れないために，それを繰り返すような方法です。短期記憶の保持には役立ちますが，長期記憶の保持には効果がありません。

② **精緻化リハーサル**　これは学習材料の意味を考えながら，あるいは意味による体制化を考えながら材料を繰り返すことです。基本的には，学習材料の体制化と有意味化をめざしています。短期記憶の保持にはもちろん，長期記憶の保持にも役立ちます。

リハーサルの具体的方法としては，次のものがあります。

逐語的に反復する　原文の一語一語を，そのとおりに繰り返す方法です。

模写する　学習材料（例えば文章）をそのまま手書きで書き取る方法です。単なる模写でも記憶の再生をよくしますが，時間がかかり，必ずしも効果的とはいえません。

ノートに書く　重要な部分をノートに書くこともリハーサルの一種です。生徒がノートに正しく書けるようになったことがらは，ノートに書けなかったことがらよりも明らかによく学習されます。

下線を引く　テキストやノートを読みながら，その重要な部分に下線を引くことは，単に読むだけよりも記憶をよくする働きがあります。しかし，6年生以下の子どもは，重要な部分を見分けることが難しいといわれ，このような場合には，下線を引くことは必ずしも効果的とはいえません（ブラウ

ン)。明暗をつけることも同じ役割を果たします。

　リハーサル方略は，6，7歳になると，そうするように明白に指示されれば，それを用いることができますが，自発的に用いることができるのは，11，12歳ごろになってからといわれます。

(2) 精緻化方略

　精緻化というのは難しい言葉ですが，ここでは，イメージやすでに知っている知識と関係づけることによって学習材料を覚えやすい形に変え，本人の知識の体系に関係づけるやり方を表します。

　イメージを作る　　イメージとは，具体的なものや出来事について心に思い浮かべる像・姿のことで，イメージ化（イメージ形成）とは，このような心像を積極的に思い浮かべることです。例えば，「犬－自転車」の対を示されたとき，「犬が自転車に乗っている」というイメージを作ることがイメージ化です。イメージ化が理解と再生に役立つことは昔から示されています。

　なお，イメージを作るとき，学習者に自分でイメージを作り，それを用いるように指示する場合（誘導イメージ化）と，教師が学習者にあらかじめ一定のイメージを与え，それを用いるように強制する場合（強制イメージ化）とありますが，効果的なイメージを自分で作れない年少児では，教師によって与えられるイメージが役立ち，自分で自分に適したイメージを作ることができる年長児では誘導イメージ化が効果があるようです。

　文を作る　　これは，言語を用いて学習材料を覚えやすい形に変える方法です。前述の「犬－自転車」の対を学習するとき，「犬が自転車に乗っている」という文を作るのはそれです。このように文章化は，イメージ化を用いることが難しい抽象語の対の学習のときに効果があります。

　キーワードを用いる　　これはイメージ化と文章化を用いた精緻化方略です。例えば，小学校4年生についてのアメリカの研究では，「persuade」（説得する）のような単語12個の意味を学習させるとき，「persuade」に対しては，単語の意味と関係するキーワード（鍵語）として「perse」（ハンドバッ

ク）が与えられ，このキーワードを表わす絵も与えられました。この例では，ハンドバックを買うように説得されている女性の絵が示されました。他方の統制群には，同じ学習時間が与えられましたが，このようなキーワード法は与えられませんでした。その結果は，明らかに実験群の成績がよく，キーワード法の効果が認められたのです。

要約する　これは，要点を短くまとめることです。例えば，6年生に読みの教材を学習させる際に，各段階の要約を書かせたグループは，要約を書かせなかったグループよりも，その後の読解のテストで成績がよかったことが示されています（ドクトロー）。

ノートをとる　ノートをとることは，学習者の理解を深め，記憶を確実にします。これは，要約したり，提示された情報をすでにもっている知識に関係づけ，統合したりするのに役立つのです。また，自分自身の言葉で書き換えることは覚えやすい形に変えることになります。

記憶術を用いる　これは，学習材料の体制化と有意味化にも役立ちます。記憶術はギリシャ時代から用いられていましたが，近年，情報処理の立場から，その効果が見直されています。記憶術の具体的方法としては，次のものがあげられています。

場所の方法　学習すべき項目を，熟知している場所あるいは位置に結びつけて覚える方法です。

頭字語の方法　学習すべき各項目の最初の文字をとり，つなげて1つの単語を作る方法です。例えば，「政治・経済」を「政経」と覚えるのは，それです。日常生活でもよく用いられています。

韻（リズム）の方法　節をつけて覚える方法です。

折句の方法　折句は，和歌・俳句などの毎句の初め，または終わりに，ものの名前などを1字ずつ読み込んだものです。記憶術では，文章の単語が学習すべき各項目の最初の文字で始まるように文章を作ります。学習すべき項目を有意味の文章の中に入れのは，その変型です。この変型は，歴史の年号などの記憶でよく用いられます。例えば，「なくよ（794）うぐいす平

安京」は，それです。

釘語の方法　学習すべき項目をつなぐ単語（釘語：peg word）を用いる方法です。例えばA－Bの対を覚えるとき，A－K－Bと媒介になる項目を挿入して覚えるのは，これです。

鍵語の方法　これについては，すでにキーワード法として述べました。

記憶術は，次のような理由で，その効果が認められています。

・関係のない項目をまとめる。

・意味のある情報と結びつけることにより，学習材料の意味を高める。

・再生するときにはっきりした手がかりを与える。

・学習者を積極的に学習に参加させ，学習材料の性質と意味について考えさせる。

なお，精緻化方略のいろいろの方法を結びつけた精緻化方略訓練プログラムで，中学3年生に，次の方略を訓練した研究があります。

・言語による精緻化を用いる。

・想像による精緻化を用いる。

・類推を用いる。

・意味を引き出す。

・材料をすでに知っているものに結びつけるために自分の言葉で言い換える。

訓練は，1時間ずつ5回（約1週間間隔）で行い，訓練終了の1週間後と約1か月後に読解課題と再生課題についてテストしたところ，課題により若干の違いはあったものの，その訓練効果が認められています（ワインスタイン）。

(3)　体制化方略

これは，学習の際，学習材料の各要素をばらばらでなく，全体として相互に関連をもつようにまとまりを作る方略です。これには，グループに分けたり，図表にまとめたり，関係のある部分をつないだりする方法があります。

群化　提示される順序に関係なく，自由に再生できる自由再生の学習場面では，学習者は，項目間に何らかの関係を認めて一緒に並べたり，同種のものをグループにまとめて記憶したり，再生したりします。このように何らかの規則に基づいてグループにまとめることを群化といいます。これは一種の体制化であり，これによって記憶は促進されます。

これには，同じカテゴリーに属するものをまとめて記憶する「範疇的群化」，項目間に存在する連想から起こる「連想的群化」，学習者が自分の好きな方法で学習材料をまとめる「主観的体制化」があります。

概略化　これは，概要にまとめること（概括すること）で，例えば，教科書を読むときに，内容を主なアイデアの部分とそれを支持するための細部とに分け，それらを関係づける，といったようなことです。これは，一般に学習と再生を助けます。具体的方法は次のとおりです。

　トピックによる概略　見出し，小見出しというように，主な点をキーワードを用いて短縮した形で書く方法です。

　ネットワーク化　学習材料をいろいろな部分に分け，個々の項目や概念（結び目）とそれらを結合するつなぎ（リンク）とによって全体の関係を表すことです。これは，一般には，学習を促進します。ある研究では，大学生が文章中のアイデア間の主な関係を見分けて，ネットワーク化を行えるように訓練し，そのあとで読解テストを実施したところ，訓練を受けた学生のほうが，訓練を受けなかった学生よりも，主なアイデアの再生でよい成績をとったことを示しています（ホーリーら）。

(4) 理解監視方略

これは，自分の学習の過程を自分で調べ，悪いところ，理解できないところを見つけ，それを直していく方略です。この方略に基づいて，自分の学習過程を監視したり，修正したりする活動をメタ認知的活動といいます。なお，メタ認知は，自分の認知過程（知覚，記憶，思考などの過程）とその制御について知ることであり，自分の認知過程について理解するだけでなく，学習

結果に基づいて，その過程を体制化したり，修正したりする制御の能力も含んでいます。メタ認知的活動は，1節で述べたように，具体的には，計画すること（例えば結果を予測すること，時間と資源を予定すること），監視すること（テストすること，修正すること，予定を作り直すこと），チェックすること（結果を評価すること）を含んだ自己統制（自己制御）活動です。

このメタ認知活動は，学習にとって重要です。例えば，ある研究では，4年生の上手な読み手と下手な読み手について，理解と記憶の技能を比較しています（パリス）。そこでは，難しく，しかも変わった情報の理解を自分で監視する能力を，次の3つの方法で測定しました。

① 音読の間，自発的に間違いを訂正するかどうかをみる。
② 理解できない単語と句に，指示されて下線を引くかどうかをみる。
③ 学習行動を観察する。

そのあと，文章の理解を口頭試問と自由再生テスト（示された順序に関係なく自由に書かせる）で調べていますが，下手な読み手は，前述の3つの方法において理解を自己監視していないこと，また理解のテストでも得点が低いことが示されました。

したがって，メタ認知的方略を使用できない子どもには，それを教えることが必要になります。その点については，次の手順が考えられています（マイケンバウムら）。

① 問題の見分けと明確化　「私がなすべきことは何か」を明らかにする。
② 注意の集中と反応のガイダンス　「よく見よ。よく考えよ」と自ら指示し，自分がいま行っていることだけについて考えるようにする。
③ 自己強化　「私は非常によくやっている。でかした」と，自ら評価し，ほめる。
④ 対処（処理）方略の叙述　「それはうまくいっている。もし誤りをしたら，次にはもっと注意深くやるようにする。そうすれば，次には一層よくできる」というように，対処のやり方について述べる。

実際に，この手続きを中学1，2年生に適用して訓練したところ，読解

の成績がよくなったことが示されています。

　なお，この方略の具体的方法としては，自問する，一貫性をチェックする，再読する，言い換えるなど，いろいろあります。

(5)　**情緒的方略**

　これは，適切な学習環境を作ったり，効率的に学習できるように時間を管理したり，自分の気持ちを整え，注意集中を図ったりする方略です。これらについては，2章の1節「学習の意欲を高める」，2節「時間の活用」，4章の2節「注意力を伸ばす」などにおいて述べることにします。

5　学び方の学習

(1)　**学び方の指導とその効果**

　学び方が学業成績に影響することと，どんな学習法，学習方略がよいかについて述べましたが，次には，この学び方は学習することができるか，どんな方法によるのがよいか，そして訓練は果たして効果があるかについて述べたいと思います。

　この点についての研究は，かなり多く行われています。早いところでは，1935年にワグナーとストラベルが高校生に学習法を指導し，読み方，記憶の仕方，問題解決の仕方，ノートのとり方，試験の準備の仕方，図書室の利用などについて指導しました。すると，このような訓練を受けた生徒は，訓練を受けなかった生徒よりも，よい成績をとり続けたといわれています。したがって，学習法について指導すると，そのような指導をしない場合に比べて，学業成績がよくなることが実証されたことになります。

　その後も，何人かの研究者がこのような研究を行い，同様の結果を得ています。筆者も，中学1年生に学習場面への適応性について次のような内容を3か月にわたり，毎回約1時間，合計9回指導し，学習適応性が改善されるかを調べたことがあります。指導した内容は，次のとおりです。

① それまでの勉強法を反省させ，自己流の勉強をやめて，より効果的な方法を身につけるように意欲をかりたてる。
② 栄養・睡眠・疲労などが学習に及ぼす影響を明らかにし，それへの対策を説明する。
③ 本の読み方，ノートのとり方，記憶の仕方，忘却の防ぎ方，思考の進め方などについて学習心理学のデータをもとに，上手なやり方を説明する。
④ 性格の違いがもたらす影響や，劣等感，スランプなどの問題を取り上げ，能率的な勉強の仕方を教える。
⑤ 机の位置・照明の仕方・温度などの物理的環境が勉強に及ぼす影響や，友人・教師・家族との関係が勉強に及ぼす影響についての理解を深め，それらを勉強に生かすための方法を説明する。
⑥ 勉強の計画の立て方，また計画を立てることの重要性を説明し，計画的・自主的に勉強の習慣をつける。
⑦ 予習・復習の仕方，授業の上手な受け方について説明する。
⑧ 各教科の特徴とその勉強法，不得意科目の勉強法を教える。

このような指導の結果，指導したクラスのほうが，指導しなかったクラスよりも学習適応性検査の得点がよく，国語，英語の学力検査の得点がよくなりました。ただし，数学の得点には差がみられませんでした。

したがって，学習法の指導をすると，学習法そのものはもちろん，学力の向上にも役立つといえます。

(2) 自己統制力の育成

学び方の意義・役割を理解し，どんな学び方，勉強の仕方がよいかを理解しても，それを実践しなければ役に立ちません。

ところが，実際には，勉強が大事だということはよくわかっているが，勉強しない。どんな勉強の仕方がよいかはわかっているが，実行しないという人が多いのではないでしょうか。これは，その人の意志の力が弱いためです。

今日の生徒は，一般に自己統制力（自己制御力）が不足しているようです。この統制力とは，自分の欲望や感情，行動を自分でコントロールし，欲求不満に耐え，目標の実現に向かって根気強く努力する力のことです。

　この自己統制力を身につけるためには，1節で述べたように，次の点に気をつけたいものです。

　① **規則正しい生活をする**　　2章1節に示すように，1日の計画を立てることが重要だといわれますが，家庭でも学校でも規則正しい生活をすることです。学校のルールもきちんと守る努力をします。これにより，わがままを抑え，苦しくても我慢する力がつくでしょう。

　② **自己理解を深める**　　自分を見つめ，自分を客観的に見ることができるようにしましょう。自己反省，自己点検，自己評価をして自分を見つめることにより，自己意識が高まり，自己統制力も強くなります。

　③ **困難に挑戦する**　　難しいことに挑戦し，苦しくても我慢して努力を続け，それを乗り越え，成功感，成就感を味わうようにしましょう。それによって有能感，自己効力感をもつことができ，自己統制力が身につきます。好きなこと，やさしいことばかりしていたのでは，我慢する力はつきません。

(3) 学習法形成の時期——低学年から

　よい学習法，学習習慣を身につけることが大事だといいましたが，それには低学年から努力することです。それは，以下のカッフの研究からも明らかです。この研究では，小学校4年生から高校3年生までの児童生徒の学習習慣を同じ調査票で調べましたが，学年ごとの得点はほとんど変わっていません。そこで，学習の習慣や方法は，小学校低学年においてすでに形成され，特に指導しなければ，その後はあまり進歩しないといっています。

　もちろん，テストの項目ごとに見ると，低学年でよく用いられる方法と高学年で用いられる方法とは違うことも示されています。したがって，学習法の指導，学習習慣の改善という面からは，発達段階を考え，それに適した学習法をきちんと身につけることが必要であるといえましょう。

なお，筆者も，小学校5年生から高校3年生までの学習適応性を調べましたが，やはり，学年による得点の変化は見られませんでした。

(4) 学習法形成の方法

前述のような望ましい学習法，学習習慣を身につけるには，学習理論に基づいて，次の方法を用います。学習法の種類や本人の発達によっても違いますが，これらの方法を適宜組み合わせて用いるのがよいでしょう。

① 条件づけ

「条件反射」という言葉はよく使われますが，これは，ロシアの生理学者パブロフが，1887年に犬の実験で発見した原理です。彼は，犬を実験台に固定し，ベルを鳴らすと同時（かその少しあと）に餌を与え，これを何回も繰り返しました。すると，やがて犬はベルの音を聞いただけで，餌を与えなくても唾液を分泌するようになったのです。それまでまったく関係のなかったベルの音と唾液分泌との間に新しいつながりができることがわかったのです。このような反射を条件反射といい，この反射を引き起こす手続きを「条件づけ」といいました。

これをまとめると，もともと反射（反応，唾液分泌）を引き起こさない刺激（条件刺激，ベル）を，その反射を引き起こす刺激（無条件刺激，えさ）と結びつけ，条件刺激によって反射を引き起こすようにするのです。その際，条件刺激と同時（あるいは少し後）に無条件刺激を与えることと，それを何回も繰り返すことが大事です。

この手続きは古典的条件づけ（パブロフ型）といわれますが，それは，その後アメリカの心理学者スキナーが，1938年にオペラント条件づけという別の手続きを示したからです。これは，いろいろの反応を自発的に行っているとき，正しい反応に対し報酬を与え，それを繰り返す手続きです。ここでは，学習は試行錯誤の過程を経て成立することになります。

勉強の習慣をつけるには，低学年では，古典的条件づけが役立ちます。例えば，「毎日，同じ場所（机）で，同じ時刻に勉強すること」です。もとも

と勉強という反応を引き起こさない机とか勉強部屋，時計（条件刺激）と勉強反応を引き起こす親の指示や教師の指導（無条件刺激）とを結びつけ，勉強を無理にでもさせていると，やがて，親の指示や教師の指導がなくても机を見たり，時計の鳴るのを聞いただけで，勉強を始めるというのです。その場合，次の注意が必要です。

　例外を認めない　　「きょうは友達が来たから，あるいは親戚の人が来たから，一日ぐらい勉強しなくてもいいだろう」などといって勉強をしない日を作ってはだめです。病気でもないかぎり，時間は変えても，予定の勉強を行うようにさせます。

　時間どおりに勉強を始める　　気分の向くまで待たないで，時間がきたら勉強を始めるようにします。

　机に向かったら，すぐ勉強する　　鉛筆をけずったり，辞書を探したり，机の上を整理していてはだめです。

　あらかじめ何を勉強するかを決めておく　　机に向かってから何を勉強しようかと考えることで時間を浪費しないようにします。予定している科目から勉強を始めます。要領のよい人は，机に向かう前に，何からするか考えます。

　決められた時間内に，予定の勉強を終えるように努力する　　注意を集中し，根気強くやることです。

　空想にふけり始めたら，身体も使う　　気が散ったり，空想し始めたときには，ノートに書いたり，音読したりしましょう。最近の脳科学の研究によると，このような作業は脳を活性化するといわれています。

　レクリエーションの時間にくい込まない　　予定の時刻がきたら，勉強をすぐやめるようにします。レクリエーションの時間を奪うことは，不愉快な気持ちを引き起こし，勉強の習慣をつけるのにマイナスになります。

　勉強の内容が完了しないことを気にしない　　勉強の遅い子どもは，宿題が時間内に終わらなくても，予定の時間いっぱい努力すればよしとしましょう。それによって満足感を経験できます。内容が終わらないからといってい

らいらするのはマイナスです。内容が終わらないときには，「一所懸命やったけど，ここまでです」と教師に話せば，教師も宿題の出し方を考えるものです。

早く終わったときには，しばらく休憩する　すぐ，次の勉強に進むと，初めに勉強したことを忘れることになります。

余分なものをまわりに置かない　余分な本やものを置くことは，気を散らすもとになります。

時間をうまく使う習慣ができるまでは，計画表をよく見えるところに置き，毎日忠実に守るようにします。そうすると，前に述べたように，やがては，決まった時刻に食事したり，就寝したりすることが気にならないと同じように，決まった時刻に勉強を自然に始めるようになるというのです。

なお，オペラント条件づけでは，目標とする行動を下位目標から上位目標へと段階的に分け，下位目標から順次強化して，最終目標に達するようにする「継時接近法（漸次接近法）」を用いるとよいといわれています。これは易より難へと段階的に進む方法で，教科の学習にも役立ちます（オペラント学習）。

②　模　倣（モデリング）

子どもは，親や教師あるいは友人の勉強の仕方を模倣して，そのやり方を身につけることがあります。この学習は「モデリング」といわれ，他の人がある行動をし，成功して賞を受け，失敗して罰を受けるのを見ることによって起こるので，代理条件づけともいわれます。なお，モデルの行動を観察するだけで，直接遂行しなくても，また直接報酬を与えられなくても行動の模倣が起こることも認められるところから「観察学習」ともいわれます。

また，模倣には，模倣しようという意識なしに自然に起こる「無意識的模倣」と意識的に模倣しようとする「意識的模倣」とあります。学び方の学習では，よいと思う学び方を意図的に模倣し，自分も実践するようにします。

なお，モデルとしては，実際のモデルはもちろん，フィルムやビデオで見るモデル，書物に現れる偉人などがあります。子どもは，いずれの場合にも，

自分が尊敬する人の模倣をするものです。

③ 知的理解

以上に述べた2つは行動理論の立場ですが，これは認知理論の立場で，学び方の学習は，本人の考え方（認知）の変化によると考えます。例えば，「計画を立てて勉強すると，能率が上がる」とか，「夜ふかしは勉強の妨げになる」とかいうことを理解することによって，勉強のよい習慣がつくというのです。この認知の変化は，暗示を受けたり，説明や説得を受けることによって起こります。この立場は，本人の理解，納得を重視し，直接，賞罰を受けなくてもよいといわれています。したがって，学び方についての本を読んだり，教師の勉強法についての説明を聞いたりして，その意義や効果を理解し，よい習慣をつけることになります。これは，高学年の子どもに適する方法です。

④ 意図的形成

これは，認知行動理論に基づきます。新しい習慣は，本人がその習慣の価値を十分に理解し，意図的に努力することによって形成されると考えるのです。これには本人の意志の力が関係します。この場合には，次の注意が必要です。

- 新しい習慣の価値を十分に理解する。計画的な勉強が，必ずよい結果をもたらすと信じる。
- 強い決心をもって新しい計画を実行する。「明日から」とか「来週から」とかいっていないで，すぐ始める。
- 古い習慣は直ちにやめる。「テレビを見過ぎる」と思ったら，テレビの側に行かないで，すぐに机に向かう。
- 新しい習慣が身につくまでは，古い習慣を絶対に持ち込まない。夜7時から勉強すると決めたら，気のりするまで待たないで，すぐ勉強を始める。
- 例外は認めない。例外は習慣をつける上での大敵である。
- 習慣形成に役立つ，あらゆる機会を利用する。勉強を規則正しくしよう

と思ったなら，食事も，遊びも，すべて規則正しくするようにする。勉強だけというのでは，なかなかうまくいかないといえよう。
- できるかぎり繰り返す。勉強でも，運動でも反復が大事であるが，習慣をつける場合にも同じである。根気よく続けることが大事である。古い習慣を捨て，新しい習慣をつけることは，考えるほどやさしいことではない。しかし，あきらめないで，根気よく努力することが大事である。
- 自己評価・自己強化をする。予定した計画が実行できたかどうかを自分で調べ，実行できたときには，自分でほうびを与えるようにする。「よくやった」という成就感から，「自分もやればできる」という自己効力感もわいてくる。
- 適切にほめる。子どもの望ましい行動や努力を認め，適切にほめ，励ますようにする。

(5) 教師の理解

学習法を学ばせる場合には，教師の理解が必要です。ウイルソンは，この指導のためには，「学習方略とは何か，それはなぜ生徒に必要であるかについて，教師が理解するように教育する必要がある」と提唱し，次のことを指摘しています。

① 生徒が社会における多くの情報を処理し，自分自身の思考過程を高めていくのを助けることは，学校教育においてますます重要になる教育目標である。したがって，まず，教師が学習技能は何であるか，それらはなぜ必要であるかを理解しなければならない。

② 教師は，いかにして学習方略を授業計画とかカリキュラムに取り入れることができるか，授業に役立たせることができるかを理解しなければならない。

③ 教師は，学習方略には効果があるという信念をもたねばならない。教師が学習方略に効果があると信じ，その信念を伝えると，生徒も学習方略は学力を向上させる際に役立つという信念をもつようになる。

6 学習スタイルの生かし方

(1) 学習スタイルとは

　学習スタイルとは，学習の際に好んで用いる学習の仕方・様式のことです。勉強のとき，ある人は教科書を読んで学習するのを好むのに対し，他の人は教師の講義を聞いて学習するのを好むというのは，学習スタイルの違いを示しています。

　この学習スタイルは，刺激や情報をどのように受けとめ，処理するかといった場合の好み，このような活動をするとき，どのような場面を好むか，例えば自分だけがよいか，それとも仲間と一緒がよいか，静かな環境がよいか，それとも音楽を聞きながらがよいかといった好み，勉強するにしても朝がよいか，夜がよいかといった時期の好みなど，いろいろの観点から見ることができます。自分の学習スタイルを考え，そのよい面を生かすことが大事です。

　スペリーは，カウンセラーが生徒の学習スタイルを観察できるようにするため，次のような質問を示しています。これは，本人が自分の学習スタイルを調べるのにも役立ちます。

あなたは，次のどちらで勉強するのがよいですか。
① 決められた時間のもとでか，それともゆったりしたペースでのときか。
② 自分よりできる者に負けないためか，それとも自分より劣る者を助けるためか。
③ 見ることによってか，それとも聞くことによってか。
④ 講義と対話によってか，それとも読むことによってか。
⑤ 下線を引く，ノートに書くなどをしながらテキストから学習するか，それとも読みながら歩き回ることによってか。
⑥ 質問にすぐ反応することによってか，それとも反応について考える時間をもつことによってか。

⑦ 最初から,間違いのないように求められることによってか,それとも間違ったら訂正するように求められることによってか。

⑧ 表現されたとおりに情報を受けとることによってか,それとも事実の背後にある理由を探すことによってか。

⑨ 授業が体系的になされるときか(伝統的授業),それともより多くの自由が許されるときか(オープン教室の授業)。

⑩ 一人で作業するときか,それとも他の生徒と一緒に学習するときか。

さらに,後で述べる記憶や思考についても,生徒がどんな覚え方や考え方を好むかについて考えてみることが必要です。

(2) 学習スタイルと学習方略

学習スタイルは,前述のように学習の仕方に影響しますが,この学習スタイルは性格を反映し,学習スタイルは一般的な学習方略に影響し,この一般的な学習方略は個々の学習法に影響し,その成果が学習結果となって現れると考えられます(シュンク)。その関係の要点を示すと,**表1-5**のようになります。

深い学習スタイルの人は,学習方略として概念化方略を用い,記憶では意味を手がかりにし,学習では概念の発展と改善をめざし,概念を比較すること,対照すること,そして,それらを階層と理論の構成のため体制化することに重点をおきます。理解指向の学習方法を用い,「分析・総合・評価」の高いレベルの学習結果が得られます。

精緻学習スタイルの人は,学習方略としては個人化方略を好み,学習を自分に関係づけ,新しい学習材料を自分の言葉とイメージに変換し,以前の自分の経験に関係づけて学習します。理解指向の学習方法に関心を示しますが,また記憶指向の学習方法にも価値を認めます。ここで得られる学習結果は「理解」と「応用」です。

浅い学習スタイルの人は,学習方略として記憶方略を用い,文字どおりの逐語的な学習様式を好みます。また,記憶指向の学習方法に大きな関心を示

します。ここで得られる学習結果は，低次のレベルの「知識」です。

(3) 学習スタイルの改善

学習スタイルは，学習の能率に関係するといわれています。勉強では，自分の学習スタイルを考え，それを生かして勉強することが大事ですが，学習スタイルには望ましいものと望ましくないものとあります。

表 1-5　学習スタイル・学習方略などの関係（シュンク）

性格→ 動機づけ	学習　→ スタイル	学習方略→ （総合的学習方法）	具体的学習方法→	学習結果
・内向型 ・内発的動機づけ ・熟慮的 ・場独立的 ・内的統制 ・高い自己効力感 ・個性的	深い スタイル	概念化方略 （一般的概念で考え，説明する）	・グループにまとめ，比較・対照する。 ・ネットワークでアイデアを階層的にまとめる理解指向	・分析，総合，評価の学力 ・図式の発展 ・理論の発展
・外向型 ・内発的及び外発的動機づけ ・内的統制 ・衝動的 ・場依存的 ・創造的 ・明確な自己概念	精緻 スタイル	個人化方略 （個人的経験に関係づけ，個人的な意味づけをする）	・生産的思考 ・自己関連的 ・具体化する ・例を作る ・個人的な言葉とイメージに変える ・現在の情報を以前の個人的経験に関係づける ・理解・記憶指向	・理解・応用の学力 ・個人的成長 ・性格の成長 ・社会的技能と対人関係の発達
・神経症的 ・外発的動機づけ ・不安症 ・依存的 ・外的統制 ・自己防衛的 ・低い自己効力感 ・失敗不安をもつ	浅い スタイル	記憶方略 （記憶を中心とする）	・反復的復唱 ・記憶術の使用 ・逐語的あるいは文字通りの置き換え ・記憶指向	・知識の学力 ・学習されたものの記述 ・文字通りの再生

学習の能率を上げるためには，自分のもつ学習スタイルを望ましい方向に変えることが必要です。

　そのためには，本書でこれから述べる勉強の仕方をよく理解し，どこがよく，どこが悪いかを理解し，改善の努力をすることが大事です。

第3節 学び方のテスト
学習適応性検査（AAI）を中心に

1 学び方のテスト

(1) 学び方のテストの役割と発展

　前節でみたように，「学び方，すなわち学習法・学習習慣がよいと，学業成績もよくなる」ということは昔からよくいわれ，効果的な学習法・学習技能・学習習慣などについて盛んに研究されてきました。

　それに伴い，生徒の学習法・学習技能・学習習慣のよしあしを調べる調査票・テストが考案されるようになりました。このような調査票やテストがあれば，教師は生徒の学び方を簡単に調べ，それらの悪いところを見つけて早期に指導することができます。また学業不振の生徒について，学び方が原因になっているかどうかを調べ，適切に指導することもできます。

　本人も，このような調査票やテストを受けることによって自分の勉強の仕方のよしあし，どこがよくて，どこが悪いかを知ることができ，勉強の仕方を改善することができます。

　アメリカでは，すでに1920年代から30年代に，このような機運が高まり，学習法・学習習慣を調べる調査票やテストが開発され，指導に用いられてきました。また，1950年代後半から認知心理学（知覚・記憶・思考・創造などの認知過程を研究する）が発展するに伴い，学習者の積極的役割・認知的操作（頭の働かせ方）が重視されるようになり，「学習効果を高めることを

めざして意図的に行う頭の働かせ方や工夫」は,「学習方略」とよばれるようになりました。そして,「学習法テスト」のかわりに「学習方略テスト」という言葉も用いられるようになりました。

(2) テストの作成

このような学習法・学習方略を調べる調査票やテストの項目は, どのようにして選ばれるのでしょうか。比較的早くテストを作ったカッフという学者は, 1937年に小学校4年生から高校3年生までの児童生徒の学習習慣を調べるため, 次の手続きをとっています。

まず, 一般に重要だと考えられている学習法の項目を決めるため, すでに発表されている500以上の論文で, 最も頻繁にあげられている125項目を取り出し, その中から, 児童生徒の学習活動に役立つと思われる75項目を取り出しました。次に, これを約1250人の児童生徒に適用し, その中から, 学業成績がよく, 知能が優れ, クラス内で年齢の若い者が, その反対の者に比べて, 特に「はい」あるいは「いいえ」と多く答えた項目54個を取り上げました。すなわち, 学業成績がよく, 知能が優れ, クラス内で年齢の若い児童生徒の学習法は, そうでない者の学習法よりも効果があると考え, その条件に合う項目を取り出し, テストを作ったのです。

他の研究者も, 大体同じ手続きで, 学び方のテストを構成しています。この項目の選び方やテストの構成の仕方によってテストのよしあしが決まることになるのです。

なお, 1920年代から30年代に始まる学習法テストは, 連合心理学（学習を観念と観念の連合と考える）や行動心理学（学習を刺激と反応の連合と考える）の影響を受けて, 伝統的な学習習慣・学習法を調べることをめざしていました。当時の学習指導は教師中心で, 生徒は受動的立場で教えられるものをいかに上手に受けとめ, それを練習し, 記憶して身につけるかといった勉強法が中心でした。

例えば, 手元にある資料でみると, プレッシーとロビンソンの1959年の

学習習慣調査票では，勉強の計画・時間の使い方，読み方，ノートのとり方，書くこと，復習と試験，態度を含んでいます。

ところが，1950年代後半になると認知心理学が盛んになり，学習指導も学習者中心で，提示される情報を学習者がいかに能動的，効果的に処理するかといった方略が重視されるようになりました。そして，学習法テストも「学習方略テスト」とよばれるようになり，その内容にも変化が生じてきました。例えば，1988年のワインスタインらの学習方略調査票では，不安，態度，注意集中，情報処理，動機づけ，計画立案，主なアイデアの選択，自己テスト，勉強の補助の利用，テスト方略を含んでいます。ここでは，伝統的な学習習慣・態度や読み方などの基礎的技能とともに，新しい情報を処理したり，新しい技能を獲得したりする際に学習者が自分の学習を管理・監視するために必要な方略を含んでいます（表1-4, p.34）。

しかし，後者の学習方略テストの中には，認知方略だけを扱い，人間関係や精神的健康など，認知過程に影響する条件について触れていないものもあります。学習効果を上げるための学習の仕方を考えれば，認知過程に影響する条件まで含めたテストのほうが実際には役立ちます。そこで，次に述べる「学習適応性検査」は，この点にも配慮しています。

2 学習適応性検査（AAI：Acadmic Adjustment Inventory）

(1) 目　的

学力を向上させるためには，生徒が学習能力（知能）に応じて最大限の努力をすることが大事ですが，実際には本人の健康，性格，学習法，学習態度，学習環境などの知能以外の要因の影響によって，必ずしもそのとおりにならないことがあります。そこで，個性を生かし，自己実現（自分の可能性を最大限に発揮すること）をめざすことを考えれば，これらの要因を考え，それに応じた学習をすることが必要ですが，さらにその要因に不適切なところがあれば，それを調べ，それを積極的に改善し，それぞれの人が，その能力を

十分に発揮できるようにすることが必要です。

そこで，この検査では，学習意欲・態度，学習技術，学習方略，学習環境，心身の要因など学習に影響すると思われる要因を広く含め，生徒が学習場面において自分の能力をどのように生かそうとしているか，あるいは学習場面でみられる障害をどのように乗り越えようとしているか，つまり学習適応性をみようとしました。そして，学習不適応の原因を発見し，それを改善することによって学力の向上を図ることをめざしました。

この検査は，このような意図のもとに，最初1966（昭和41）年に刊行し，その後，時代の変化に伴い，①生徒の能力・適性に応じて学力を向上させ，個性の伸長を図ること（個性重視の原則）や，②学び方の学習の重要性が認識され，また，自ら学び方の育成（自己教育力の育成）を図ることが強調されるようになったこと，③さらには著しく発展した認知心理学の考え方などを考慮して，昭和62年に改訂しました。

その後，学力低下論争に伴い，文部科学省が平成14年，「学びのすすめ」において，学ぶ意欲や学ぶ習慣の形成を強調したことから，学び方の学習に対する関心が一層高まりました。また，認知心理学の研究も，さらに進み，認知的方略，学習方略についての知識も増えました。そこで，前述の適応性検査を見直し，大幅に改訂することにしたのです。

(2) 検査の構成

本検査は，昭和62年版の実施結果を分析し，妥当性・信頼性のある項目を精選し，さらに最近の学習方略の研究結果に基づいて新しい領域の項目を加え，今日の児童生徒の学習適応性を調べるため，構成を新たに**表 1-6** のような内容を含んだものにしました。

次に，下位テストのねらいを中学・高校生用に即して示しておきます。

1．学習の意欲：自分からやる気を出し，進んで勉強しているかどうかをみる。

2．学習の計画：計画を立てて勉強しているかどうかをみる。

表1-6 学習適応性検査の構成

小1~小3	小4~小6	中・高
1．学習の意欲	1．学習の意欲	1．学習の意欲
2．授業の受け方	2．学習の計画	2．学習の計画
3．学校の環境	3．授業の受け方	3．授業の受け方
4．家族の環境	4．本の読み方・ノートのとり方	4．本の読み方・ノートの取り方
5．自己効力感	5．覚え方・考え方	5．覚え方・考え方
6．自己統制	6．学校の環境	6．テストの受け方
7．メタ認知	7．家庭の崩壊	7．学校の環境
	8．自己効力感	8．家庭の環境
	9．自己統制	9．自己効力感
	10．メタ認知	10．自己統制
		11．メタ認知

3．**授業の受け方**：積極的に授業を受け，それを生かすようにしているかどうかをみる。

4．**本の読み方・ノートのとり方**：能率的に本を読み，ノートを上手にとり，活用しているかどうかをみる。

5．**覚え方・考え方**：上手な覚え方・考え方をしているかどうかをみる。

6．**テストの受け方**：テストを上手に受け，それを学力増進に役立てているかどうかをみる。

7．**学校の環境**：学校の環境に適応し，勉強に生かしているかどうかをみる。

8．**家庭の環境**：家庭の環境に適応し，勉強に生かしているかどうかをみる。

9．**自己効力感**：自分はこれだけのことはできるという自信をもっているかどうかをみる。

10．**自己統制**：自分の感情や欲望をおさえ，やりかけた勉強を最後までやりとげようとするかどうかをみる。

11．**メタ認知**：自分の記憶や思考の過程を見つめ，それを評価し，統制するかどうかをみる。

尺度は，総点（得点の合計）から偏差値を求め，学習場面への適応の仕方

がよいか悪いかを判断できるようにし，さらに，下位テストごとの得点から偏差値を求め，学習適応性のどの面が優れ，どの面が劣るかがわかるようになっています。これにより，個人はもちろん，学級全体，学年全体としての反応を全国的基準と比較することができ，指導に役立てることができます。

さらに，参考資料として，本検査の妥当性・信頼性を保証するために，また検査結果を理解するために，次の項目を加えています。

要求水準：受検者が，自分を厳しく評価しているか，あるいは逆に甘く評価しているかをみようとする。つまり，自分の要求水準の程度をみる自己評価尺度である。

応答の一貫性：受検者の不注意とか質問項目についての理解不足，さらには検査に対する非協力などから，でたらめな回答やふまじめな回答をしていないかどうかをみる。つまり，応答の一貫性をみる妥当性尺度である。

原因帰属：成功・失敗の原因をどうみるかは，認知心理学では原因帰属とか統制の位置とかよばれ，その個人差を明らかにし，指導に役立てようとしている。例えば，テストでよい成績をとったり，悪い成績をとったりしたとき，その原因が自分の能力とか努力といった自分の内部にあるとみなすものを内的統制型といい，運のよしあしとか課題の難易や先生の教え方の上手・下手とかいった自分の外に原因があると考えるものを外的統制型と呼んでいる。外的統制型の者は，内的統制型の者よりも態度が消極的で，自信もなく，努力しようという意欲も少ない。学習意欲を高めるためには成功・失敗いずれの場合にも「自分の努力」に原因を帰属させるようにしむけることが必要である。

実態調査：この検査の結果を理解し，指導に役立てるためには，児童生徒の現状を知ることが大事である。そこで本検査では学習の目的（何のために勉強しようとしているか，生活実態調査（学習や睡眠の時間，学習や生活上の悩みなど）について調べるようになっている。

3 本検査の生かし方

この検査の結果は，今日の学習指導で強調されている適性処遇や学び方の学習といった要請からみて，次の点で役立ちます。

(1) 学習指導の改善

この種の検査は，指導後，その成果が上がらないときに，その原因を調べるために用いられることが多かったのですが，今日，能力・適性に応じた指導とか適性処遇交互作用の考え方が重視され，それぞれの児童生徒の学習習慣や学習法に適した指導を行うことが求められています。それには，この検査を学年や学期の初めに行うことが必要になります。

(2) 学業不振の指導

学業成績が思わしくないとき，特に知能検査・標準学力検査の結果から知能相応の学力が得られない，いわゆるアンダーアチーバーの児童生徒とわかったときには，なぜそうなったかについて原因を調べるのにこの検査は役立ちます。この検査により，学業不振の原因が本人の学習の意欲・態度にあるのか，学習習慣・学習法にあるのか，家庭や学校の環境に対する不適応にあるのか，自己監視・自己統制にあるのかがわかれば，適切な指導ができます。

(3) 学び方の指導

今日，自ら学ぶ力の育成が重視され，能率的効果的な学び方を身につけることが求められています。この検査は，学習場面への適応が全体的によいかどうかをみるだけでなく，下位テスト，さらには一問一問をみることにより，どんな点に問題があるかを明らかにし，上手な学び方を身につけさせるのに役立ちます。このことは，学級全体の学び方を指導する場合にもあてはまります。

(4) 知能検査・学力検査とのバッテリー的利用

　学習指導では，児童生徒一人一人のもっている能力，特に知能（学業適性）に応じ，学習効果を上げることをめざしています。そこで，個々の児童生徒が知能に応じた学力を得ているかを客観的にみるために知能検査と標準学力検査を行い，その結果を比較することが行われています。成就値や新成就値がその指標として用いられています。なお，これらは次の式で求めます。

　　成就値＝学力偏差値―知能偏差値

　　新成就値＝学力偏差値―知能から推定される学力偏差値

　これらの値がプラスになれば，知能相応の学力を上げ，マイナスになれば，知能相応の学力を上げていないことになります。

　そこで，学習指導では，知能相応の学力を上げられない場合には，その原因を調べ，それを取り除いたり是正したりして学力の向上を図ることが必要です。その際，学業不振あるいは学習不適応の原因を調べるのに，この学習適応性検査が役立ちます。

　そこで，今日強調されている個に応じたきめ細かな指導を行うためには，知能検査，標準学力検査，学習適応性検査を組み合わせ，バッテリーとして利用することが求められます。これにより，教師の教育的責任を果たすことができます。

　この検査を実施し，学習適応性の改善を図ろうとする場合には，本書が役立ちます。本書は，学習心理学の研究で明らかにされた新しい原理や知識を含めて，能率の上がる学び方について述べています。換言すれば，学び方を科学的に研究した成果の集約でもあります。

　学習適応性検査も，このような学習心理学の研究の成果に基づいて作られているので，必要に応じて該当する箇所をみれば，その理論的背景を理解することができ，指導に役立てることができます。

第2章

学習態度の育て方

第1節　学習意欲を高める
第2節　時間の活用
第3節　学習環境

第1節 学習意欲を高める

1 意欲とは

　勉強の能率を上げ，よい成績をとるためには，本人がやる気を出すことが大事です。教師や親がどんなに環境を整え，優れた教材を用意し，教え方を工夫しても，本人にやる気がなければ効果はありません。そこで，昔からやる気を出させるにはどうすればよいかが問題となり，心理学では「動機づけ」として研究されてきました。動機づけは，行動を引き起こし，方向づけ，それを持続し，実際に成就あるいは達成をもたらすことをめざしています。これは，意欲を高めることです。

　意欲は，簡単にいえば，「自分からすすんであることをしようとする気持ち」のことです。実際には，「あることをしようとする欲求（動機）が同時にいくつかあるとき，その中の1つを選択し，その欲求のめざす目標を実現しようとする意志の働き」です。つまり，「あることをしようとする気持ちとそれをあくまで実行しようとする気持ち」を含んでおり，「意志の加わった，あるいは意志に支えられた欲求」といえます。欲求はあっても，それを実現しようとする意志がなければ，真の意欲とはいえないのです。

　学習意欲は，学習しようとする気持ちです。人は，あれもしたい，これもしたい，あるいは何もしたくないなどといった欲求をもっていますが，学習するためには，その中から学習に対する欲求を選び，それを実行する意志の

力が必要です。勉強しようという気持ちはあっても，それを実行に移す意志の強さ，自己統制力がなければ，勉強の成果は上がりません。

■**小・中学生の勉強する理由**

今日の子どもは，なぜ勉強しようとするのでしょうか。文部科学省の調査で「小・中学生の勉強する理由」を調べた結果は，図のようになっています。

小学生は，「新しいことを知るのが楽しいから」「将来の夢をかなえたいから」「世の中で役に立つ人になりたいから」といった理想的な希望をあげていますが，中学生はより現実的に「いい高校や大学に入りたいから」「友達に負けたくないから」「家の人に怒られるから」といった理由をあげています。

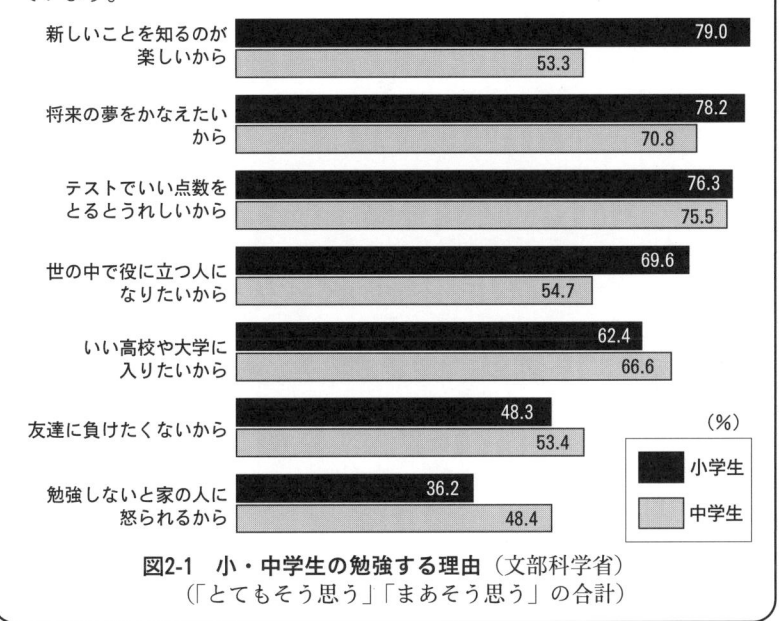

理由	小学生	中学生
新しいことを知るのが楽しいから	79.0	53.3
将来の夢をかなえたいから	78.2	70.8
テストでいい点数をとるとうれしいから	76.3	75.5
世の中で役に立つ人になりたいから	69.6	54.7
いい高校や大学に入りたいから	62.4	66.6
友達に負けたくないから	48.3	53.4
勉強しないと家の人に怒られるから	36.2	48.4

図2-1　小・中学生の勉強する理由（文部科学省）
（「とてもそう思う」「まあそう思う」の合計）

2　学習意欲を高める原理

学習意欲を高めるため，いろいろの理論とそれに基づく方法が考えられて

います。

① **本能理論の立場**　行動を引き起こすのは本能であり，新しいものに興味を示すのは好奇本能によると考えます。

② **行動理論の立場**　環境の操作によって行動の変化を引き起こすことに関心をもち，学習の動機づけにおいても学習活動そのものとは直接関係のない賞罰とか競争によって学習意欲を高めようとする立場です。この立場では，外からの動機づけ（外発的動機づけ）を強調します。

③ **認知理論，人間性の理論の立場**　子どもは，生得的に学習し成長しようという欲求をもっており，もともと活動的で好奇心に満ちており，新しいことを学び，問題を解決することに喜びを感ずるので，興味とか成功・失敗についての見通しなどによって学習活動が引き起こされると考える立場です。したがって，この立場では，興味，知的好奇心などによる内からの動機づけ（内発的動機づけ）を主張します。

(1) **内発的動機づけと外発的動機づけ**

学習指導では，内発的動機づけに訴えることが重要だといわれます。確かにそのとおりですが，実際には外発的動機づけをまったく省くことはできません。むしろ必要な場合もあります。さらに，行動は，その動機は何であれ，一度進行し始めると，それ自身が動機となり，その行動は完成するまで続けられるという主張もあります（機能的自律性）。すなわち，「本来ある欲求を満たすための手段であった行動が，それ自体目標として機能する」というのです。

また，内発的に起こった行動も，外からの報酬（称賛，承認など）によって一層自己効力感を強めることがあります。

実際の指導では，外発的動機づけによる行動を内発的動機づけによる行動に変化させ，学習活動そのものに興味や喜びをもって学習するようにすることが理想です。

(2) 期待―価値モデル

このように，動機づけについては，いろいろの考え方がありますが，それらに共通して重要なのは，「期待―価値モデル」だといわれています。

「期待」は，目標達成への期待であり，これは課題を統制し，遂行し，あるいは成就することができるという自分の能力についての自信（自己効力感）から生じます。この信念をもつ人は，その課題についてよく勉強し，よい成績をとることが多くなります。

「価値」は，学習課題の価値で，その課題が自分にとって重要であり，役に立つか，自分が関心をもつものかなどに関係します。

子どもは，学校の勉強が自分にとって重要であり，興味があり，有用であると信じ，しかも，自分はその課題を達成する能力があると信じるほど，勉強の意欲を示します。

3 学習意欲の高め方

学習意欲を高めるために，次の工夫をするように指導します。

(1) 興味のあること，やさしいことから始める

勉強でなんとなく気のりがしないときには，まず興味のある科目，得意な科目から始めることです。また，同じ科目の中でも，やさしいこと，簡単なことから始めるのがよいでしょう。興味のあることは理解もはやく，目に見えて結果が出ます。調子が出てきたら，不得意な科目，難しいものに向かうようにします。

なお，子どもが興味をもちやすいものとしては，次のものがあげられます。
・前に経験し，成功したことのあるもの
・いちばん成功の見込みのあるもの
・愉快な感じを与えるもの
・本人の能力に合い，成功の見込みのあるもの

(2) 具体的な目標を立てる

どの科目を何ページから何ページまでやるとか，算数の問題を何題やるとか，具体的な目標を立てます。また，何時から何時まで何分間勉強するというように時間で目標を立てるのもよいでしょう。要領のよい子どもは学校の帰り道や休憩の間に，「家に帰ったら，あそこを勉強しよう」と考えます。

(3) 結果を知る

どのくらい勉強したかを教師や親が示したり，自分で調べたりして，「今日は予定どおり，よくやった」とか「今日は，少し足りなかった」などと反

■結果を知らせることの効果

アメリカのある学者は，大学生に簡単な作業（小文字のaを30秒ずつ，75回書かせる）をできるだけ正確に，しかも速くという指示のもとに練習させました（ブックとノーベル）。その際，1つの組には，練習のたびにその結果（書いた数）を知らせ，他の組には，その結果を知らせませんでした。すると，前者のほうが，後者よりもよい成績を示し，どんどん上達したのです。

ところが，50回のところで条件を逆にし，いままで結果を知らせた組には結果を知らせず，結果を知らせずに練習していた組には結果を知らせるようにしました。すると，前者は成績がにわかに悪くなり，後者は成績が急に上がり始めたのです。右の図は，その変化を示しています（5回ずつの平均）。これは，大学生の結果ですが，小・中学生にもあてはまります。

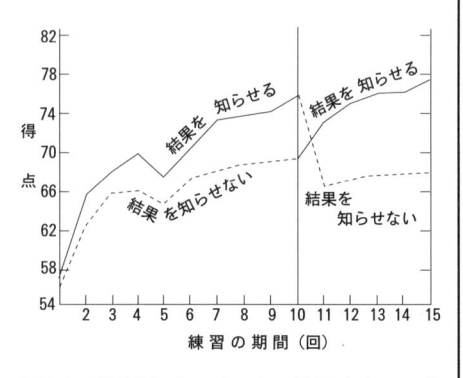

図2-2 結果を知らせることの効果（ブックら）

省することによって勉強の意欲が出てきます。自分で，勉強した内容とか時間について記録をとったりグラフに示したりすることは，この点で効果があります。

(4) 成功感を味わう

「勉強がうまくいった」「成功した」といった成功感を味わうと，「自分もやればできる」「自分はやる力がある」といった自己効力感や自己有能感をもち，ますますやる気が出ます。

自己効力感は，「自分はある課題を遂行できる」という本人の信念あるいは期待感です。これは，次の4つの源から起こると考えられています（バンデューラ）。

① **直接経験**　以前の課題で成功すると，自己効力感を高め，失敗すると，それが低下する。大事なことは，成功経験を積み重ねることである。

② **代理経験**　モデルになる人が課題を遂行しようと努力し，成功しているのを見ると，自己効力感が高まる。その際，モデルが自分に似ているほど，自己効力感は高まる。

③ **説　　得**　自己効力感は，教師や親などの自信をもたせるような説得によって高まる。

④ **情緒状態**　くつろいだ状態で，自信があるときには，一層成功を期待するが，不安なときには成功を期待しない。

このような状態で，自己効力感をもつと，人は自分ができると思う活動を選び，その努力を続け，障害があっても，それを乗り越えようとすることができます。

したがって，勉強においても，努力して成功経験をもつことが大事ですが，成功したと感ずるか失敗したと感ずるかは，本人のもっている要求水準に関係します。要求水準は，本人が「このくらいはできる」として，勉強にとりかかる前に，あらかじめ立てている予想の高さです。したがって，あまり高い要求水準を立てないで，いま自分が行っている水準からいくらか高い程度

の進歩を考えることが大事です。

　なお，成功や進歩に対し，適切に賞（称賛や承認）を与えることは，一層成功感を強め，自己効力感を高めるのに役立ちます。

(5) 競争する

　「人に負けたくない」という競争意識は，勉強の意欲を引き起こします。しかし，競争意識が強すぎると，あせって逆効果の場合もあります。競争意識を生かすには，次の点に注意することが必要です。

① 単純な作業のとき効果がある

　計算や書き取りのような単純な機械的作業のときには，競争すると進歩しますが，もっと複雑で難しい作業のときには，競争することによる緊張で成績が低下することがあります。このことは不安についての研究でも示されています。やさしい課題のときには，不安を感じやすい人のほうが成績がよくなりますが，難しい課題のときには，成績が悪くなっています。

② 個人的であるほど，競争の効果は大きい

　競争には，自分の記録と競争する場合，他の個人と競争する場合，集団の間で競争する場合，とあります。

　自分の記録を破ろうと努力することも効果があります。前述の「結果を知る」のは，このためでもあります。

　他の人と競争する場合には，自分と能力の同じ者，あるいはやや能力の上の者を目標にして，その人に負けないように努力することが大事です。能力がかけ離れ，初めから勝負がわかっているときには効果はありません。競争したとき，自分にも勝つチャンスがあるとき闘志が出てくるのです。

　さらに，集団間の競争も効果があります。特に，その結果が個人の成績としても現れるとき効果があるといえます。

　しかし，競争意識が過剰になると，あせったり緊張しすぎたりして，かえって能率が下がることがあります。競争しても，自分のペースを乱さないようにすることが大事です。

■競争の効果

　ある学者が2人の生徒について1分間，はじめは競争なしの自然の場面で，かたかなを数字に置き換える作業を10回させ，次には隣の者と競争させる，いわゆる競争場面で作業を5回させました（武政太郎）。

　すると，自然場面では進歩が遅く，むらも多かったのに，競争場面に入ると，両者とも著しく進歩したのです。右の図は，2人の成績をグラフに表したものです。

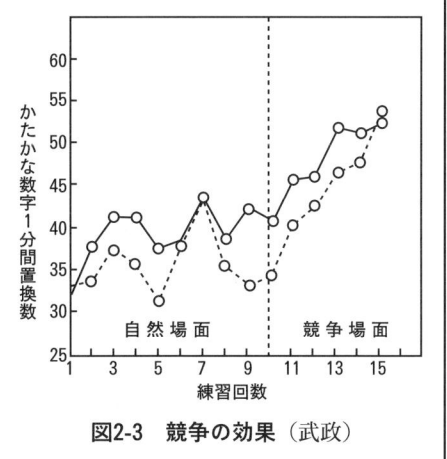

図2-3　競争の効果（武政）

(6) 要求水準を高める

　だれでも，勉強なり，作業なりに向かうとき，「このくらいはできる」とか「このくらいは，やりとげよう」といった予想なり，期待なりを立てます（要求水準）。勉強や作業がすんだあとで，その成績が自分の要求水準に達しておれば成功したと感じ，達していなければ失敗したと感じる。第三者がみれば，よく努力しているというのでほめても，本人が要求水準に達したと考えなければ，成功したとは感じない。同様に，第三者からみれば，まだ努力がたりないと考え，励ましたり叱ったりしても，本人が要求水準に達したと，満足しておれば，罰の効果はないのです。

　一般に，その成果が自分の要求水準に達すれば成功したと感じ，さらに成果を上げようとして次の要求水準を上げる傾向があり，要求水準に達しなければ失敗したと感じ，次の要求水準を下げるとか，あるいはまったく実現できないような成果を期待することによって，自分の失敗を無視する場合もあります。

したがって，やる気を出すためには，本人が現状に満足しないで，要求水準を一歩一歩高めていくことが必要です。あまりかけ離れた水準を期待しないで少し高いところに目標を置くようにする。それによって，成功感，有能感を味わう機会も得られるので，ますますやる気も出てきます。

(7) 成功・失敗を自分の努力に帰する

　成功や失敗したとき，あるいは賞罰を与えられたとき，自分の能力や努力の結果だと考える人（内的統制型）と，運のよしあしとか先生の教え方，問題の難易など，自分の外にある条件のせいだと考える人（外的統制型）とあります。この原因の帰属の傾向は，学習意欲や学業成績に関係するといわれています。

　子どもの学習において，成功・失敗は避けられませんが，成功したとき，「自分の能力が優れていたからだ」とか，「自分が努力したからだ」と考えると（内的統制），自信がつき，学習意欲が高まります。ところが，「課題がやさしかったからだ」「運がよかったからだ」と考えると（外的統制），必ずしも自信がつかないし，努力しようという意欲とも結びつきません。

　失敗したときには，同じ内的統制型でも，「能力がないからだ」と考えると，学習意欲はなくなりますが，「自分の努力が足りなかったからだ」と考えると，「もう一度やってみよう」という気持ちになります。

　ものは考えようです。学習意欲を高めるためには，成功・失敗いずれの場合にも，「自分の努力」によると考えることです。「やればできるかもしれない」という気持ちをもつことが大事なのです。つまり，成功したときには，その能力や努力を認め，失敗したときには，自分でも統制できる努力の不足と考え，自分で統制できない能力や才能の不足のせいにしないこと，また「課題が難しかった」「身体の調子が悪かった」「運が悪かった」などと考え，努力の余地を残すようにすることが大事です。

　なお，この立場で，学習意欲を高めるためには本人が自分は環境に支配され，外部の力に対して無力な人間であると感じるのではなく，自分の達成を

統制し，支配できる人間であると感じることです（自己決定感）。そのためには，合理的な目標を立てる能力，目標に達するための具体的計画を立てる能力，目標に向かっての自分の進歩を評価する能力，自分自身の行為に対して喜んで責任を負う態度を伸ばすことが必要です（ド・シャーム）。

(8) 成績目標より習得目標をもつ

　学習意欲を高めるためには目標をもつことが大事ですが，どんな目標をもつかによって成績が違ってくるといわれています。ここでは，習得目標（学習目標）と成績目標（遂行目標）について述べます。

　習得目標は，一定の学習をすることにより，自分の能力を高め，達成感（よくやったという感じ）を得ようとする目標です。成績目標は，よい成績をとり，仲間に認めてもらおうとする目標のことです。

　前者の目標で学習するときには，失敗しても自己効力感をもち続け，不安をもたず，学習を続け，よい成績をとるというのです。これに対して，後者の目標で学習するときには，不安をもち，課題に集中するよりも，他の人がいかにやっているかを気にし，成績も悪くなるというのです。もちろん，成績目標で他の人よりよくなろうとすることで学習意欲が高まり，学力がよくなることもありますが，友達に負け，能力が劣ると思われるのをいやがり，その課題を学習するのを避けようとするときには，成績は悪くなります。したがって，一般には習得目標をもって勉強することがよいでしょう。

4　学習意欲の起こらない原因とその指導法

　いま述べたように，学習意欲を高める工夫をしても，現実には，学習に興味を示さず，やる気のない子どもがいます。学校では，次のような子どもが目につくのではないでしょうか。

　何事にも意欲を示さない子ども　　授業だけでなく，運動にも遊びにも意欲を示さない子どもです。いわゆる気力がなく，覇気のない子どもで，多く

は身体が弱いか，消極的な性格の子どもに見られます。

学習に意欲のない子ども　　運動や遊びには意欲を示しますが，授業になると意欲を示さない子どもです。授業の内容が本人の能力に合わないとか，勉強に劣等感をもっているとか，勉強の意義を認めないとか，その原因はいろいろです。

ある教科の学習に意欲を示さない子ども　　算数の授業では熱心だが，体育の時間になると意欲がなる子どもがいます。この場合には，教科の好ききらい，担当教師に対する好ききらい，その教科に対する適性の有無，その教科の成績，本人のわがまま，家庭や友人の影響（その教科に価値を認めない）などが原因となっています。

このように，学習意欲を示さない子どもについて見ると，身体に原因がある場合，授業の内容が能力・適性に合わない場合，性格に原因がある場合，家庭や学校の環境（友人関係を含める）に原因がある場合など，さまざまです。学習意欲を高めるためには，これらの原因のうち，どれが学習意欲を妨げているかを調べ，その原因を取り除くことが必要になります。もちろん，これらの原因は相互に影響し合っていることが多いので，それぞれの子どもについて理解を深め，適切に指導することが大事です。

ビーラーらは，学習意欲の起こらない原因とその指導について，**表 2-1** のように具体的に示しています。実際の指導で参考になるでしょう。

表2-1　学習意欲の起こらない原因とその指導方法（ビーラーら修正）

原　　因	指　導　法
A．学習課題の性質 1．教材に魅力がなく，退屈である。 2．教材が個人で，退屈を我慢して学習しなければならない。 3．教材が退屈な方法で提出される。	教材をできるだけ興味のあるものにし学習に誘因を用いる。 楽しいグループの相互作用を通して学習させる。 興味を引き起こし，それを維持するように組織的な努力をする。

原　　因	指　導　法
4．教材が努力しないと，達成あるいは成就の喜びを味わえないものである。	結果が遅れて現れることについて理解させる。短期的目標を与える。
B．生徒の特徴 1．能力・才能が限られている。	能力のない生徒には， ①個人的援助を与え，②課題の完成により多くの時間を与え，③異なる種類の教授を試みる。
2．生徒が努力を望まない。	目標，報酬を明らかにし，努力の欠如は人の心に訴えないと思わせる。
3．生徒が何を学習すべきかを知らない。	具体的な教授目標を述べ，これがいかにすれば解決されるか，どんな報酬が与えられるかを説明する。
4．明白な学問的目標をもたず，選択が混乱している。	自分の目標，役割，価値について考えさせ，自分の選択に対し責任をもたせる。 短期的目標を選択し，長期的目標について考えるように励ます。
5．親が学校教育に関心がないか，否定的である。	学習が楽しいものであること，学校でよい成績をとることは運を開くことを強調する。
6．親が学問的業績を過度に強調し，そのため親の圧力を感じ恨んでいる。	親の立場を理解し，気持ちを落ち着くようにさせる。
7．不利な環境からきており，経験も限られている。	経験の範囲を調べ，必要とする経験を補う。
8．学校において，あるいは特定の教科において否定的な経験をもつ。	できるだけ教室において積極的な経験をさせ，強化（称賛や賞）がひんぱんにおこるようにする。
9．教材をきらいな人と結びつける。	生徒が積極的な連合を形成するように同情的でものわかりのよい人となるように試みる。
10．教材のできるものをうらやみ，嫉妬して教材をきらう。	生徒の間の比較を少なくし，自己の向上を励ます。

原　　因	指　導　法
11. 病的で栄養不良で不幸である。	健康状態を考えて指導すると同時に健康増進を図る。
12. 疲れやすく，不快を感じている。	不快を考慮するか，軽減するように努める。
13. 不安定で，心配し，おびえを感ずる。	教室を物理的にも心理的にも安全にする。（教室において気持ちよく，気楽に感ずるようにする）
14. 受容されている感じや所属感，自尊心をもつことがない。（自信喪失の感じが強い。）	教師が好意をもっていること，生徒が自尊心をもつに値することを示す。
15. 高い成績をとったことがなく，成績がわるくて罰せられている。	公然の比較を避け，自己との競争，個人的向上を強調する。
16. 敗者となることを恐れて競争を避ける。	勝つ場面を与える。自分の記録を伸ばすことに意義を認める。
17. 勝者となることは仲間との関係を悪くすると考え競争を避ける。	競争により切磋琢磨することを教える。
18. 高い成績をとることは，何の得にもならないと信じている。	高い成績をとることは，いろいろの点で有利になる，運が開けることを知らせる。
19. 一般に要求水準が低い。（あるいは，目標を設定しないか，できもしない目標を立てる。）	現実的目標を設定し，達成するように励ます。
20. 達成欲求が低い。	自信を強め，達成の価値を強調する。
21. 失敗を恐れて，やろうとしない。	達成可能の一連の目標を設定し，生徒がそれらを達成できるように助ける。
22. 失敗が能力の欠如によると考え，同じ課題が与えられても，また失敗すると考える。	生徒の自己概念を強め，短期的目標の系列を設け，生徒が初め失敗しても，あと成功するように助ける。
23. 生徒は強制され，あるいはだまされたときにのみ学習する。	目標を選び，解決のしかたを決めるときに生徒に参加させる。生徒が自己指導するように励ます。

原　　因	指　導　法
C．教室の雰囲気 1．教室の雰囲気が緊張している。 2．教室内で競争と勝敗に対する関心が非常に強い。 3．失敗者は罰せられ，はずかしい思いをする。	指導を民主的にし，くつろいだ雰囲気にする。 個人の進歩に強調をおく。 失敗しても，なぜ失敗したかを考える雰囲気をつくり，障害を克服するように励ます。
D．教師の人格と方法 1．教師が熱心でなく，気むずかしく，執念深い。 2．教師が教授を片手間の仕事と考える。 3．生徒が困難に出合ったとき，生徒の能力が低いためと考える。 4．教師は計画を立てることがなく，きちんとしていない。 5．生徒の注意を権威者としての教師に向けさせる。	熱心にとりくみ，愉快で同情的になるようにする。 教師は教室で起こることに対し責任をとる。 生徒が学習するように工夫し，助ける。 計画を立て，1つの活動から他の活動への移行がなめらかにできるようにする。 生徒の注意を彼ら自身の課題に関係した行動に向けさせる。

■指導のポイント

1. 学習意欲とは何か，それを高めるためにはどんなことを考えるべきか，その原理について理解させます。
2. 学習意欲の高め方にはどんな方法があるか，それを効果的に用いるにはどんな点に注意すべきかについて理解させます。
3. 学習意欲の起こらない子どもについては，その原因を考え，適切な方法を用いるようにします。

第2節 時間の活用
計画的学習

1 時間活用の原則

　よく、「時間がない」「もう少し時間があれば」といいます。受験生では、特に時間が気になるでしょう。しかし、いくら時間がほしいといっても、1日は24時間です。この時間は、だれにも平等に与えられています。これをいかに活用するかによって、成績に違いが現れるのです。

　昔から、「よく学び、よく遊べ」といわれますが、勉強と遊び（休息）のバランスをとることが大事です。勉強の時間、遊びの時間というように、時間の配分を考え、少しの時間でもうまく活用することが必要です。言い換えれば、時間に追われるよりも自分で時間をコントロールし、有効に使うことです。それにより、勉強の能率も上がります。

　そこで、時間をコントロールし、活用するための原則をあげてみます。

　① **計画的に**　　毎日計画的に生活していると、やがて、それが習慣になり、考えなくてもむだのない生活ができるようになります。目当てがないと、ぼんやりと時間を過ごしたり、勉強から勉強へ移るとき、むだな時間を作ったりしてしまいます。

　② **すすんで**　　時間を有効に使うには、その時間の勉強なり、仕事なり、運動なりを積極的にすることです。「いやだが仕方がない」という消極的な気持ちでやっていては、同じ時間勉強をしても仕事をしても、効果は上がり

ません。

③ **無理なく**　受験勉強のときなどには，睡眠や食事，休息の時間も減らして勉強することがありますが，無理をしても能率は上がりません。

④ **むらなく**　ある時は朝から晩まで勉強するけれども，ある時は1日ぶらぶらしてしまうというように，むらのある生活をしては，時間は有効に使えません。

⑤ **充実して**　短い時間でも，それに合った使い方をすることです。短かければ，短い時間なりの使い方を工夫する。しかも，その人に合った使い方をすることが大事です。自分のペースを考え，むり，むら，むだのない充実した生活を心がけましょう。過ぎ去ったことをいつまでも気にやんだり，わかりもしない先のことを勉強も手につかないほど心配したりするのは時間の浪費です。

次に，この原則を生かす勉強の仕方について述べます。

2　計画表の作成

(1) 1週間の勉強計画

時間を有効に使うには，計画表を作ることです。そのためには，まず自分が現在どんな生活をしているかを確かめる必要があります。そこで，最近の1週間について時間が実際どのように使われていたかを**表2-2**に記録してみます。そして，次の点を検討し，改めるところがないかを確かめます。

① 時間の浪費はないか

② もっと効果的に勉強するためには，どの時刻がよいか

③ 勉強の時間と遊びの時間とのバランスがとれているか

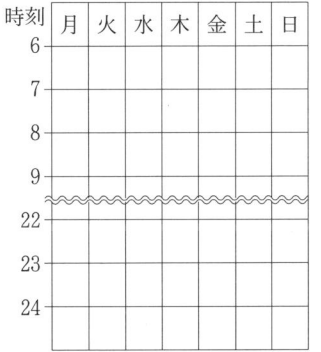

表2-2　1週間の時間割

時刻	月	火	水	木	金	土	日
6							
7							
8							
9							
22							
23							
24							

④　急用が起こったとき，それにあてる自由時間があるか

このような検討がすんで，改めるところがあれば，それを含めて新しい時間割を作ります。そこでは，新しい1週間の時間計画表に次の順序で書き込みます。

① 睡眠，食事などの時間を埋める。
② 学校の授業やクラブ活動さらには登校・下校に使う時間を埋める。
③ 遊びやレクリエーションに使う時間を埋める。
④ 塾，その他のおけいこごとに使う時間を埋める。
⑤ 融通をきかせるために，何も計画していない余裕の時間を埋める。
⑥ 残りの時間を家庭学習にあてる。

■睡眠の時期・時間と学力の関係

　計画を立てるときには，睡眠の時期と時間を考え，睡眠を十分にとるようにします。

　まず，睡眠の時期については，昔から「早寝，早起き病い知らず」とか「早起きは三文の徳」といわれているように，夜ふかしは避けるように計画します。生理学者の杉靖三郎氏は，1日8時間の睡眠をとるとした場合，夜10時に寝るのが最もよいといっています。この効果を100とし，それに対する他の時刻の割合をみると，10時より早く寝ても遅く寝ても，睡眠の効果が下がることがわかります（**図2-4**）。

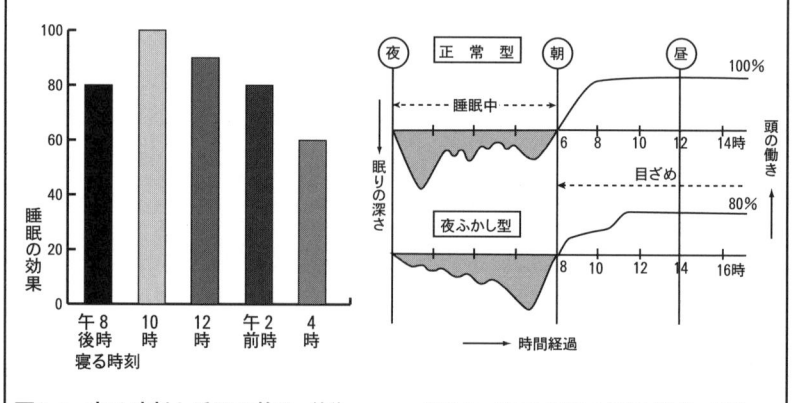

図2-4　寝る時刻と睡眠の効果（杉）　　図2-5　睡眠の型と頭の働き（杉）

なお、夜ふかしのよくないことは、睡眠の正常型と夜ふかし型の能率を調べた結果によっても明らかです（**図2-5**）。

ところが、今日の小・中学生は寝る時間が遅く、中学生は特に遅くなっています。**図2-6**は最近の文部科学者の調査結果です（平成17年，義務教育に関する意識調査）。小学生の約40％は夜10時ごろ、中学生の約35％は11時ごろに寝ていますが、12時以降に寝る中学生は、中1で35.2％，中2で52.5％，中3で64.4％の多きに達しています。

これはやはり問題です。起床の時間は決まっているので、寝る時間が遅くなれば、当然、勉強の時間も少なくなるからです。

この勉強の時間の長さと学力との関係については、**図2-7**が興味のある結果を示しています。これは、アメリカの学者ウルフソンらの研究ですが、高校生では寝る時間が遅く、睡眠時間が少ないほど学業成績が悪くなっています（神山潤，『夜ふかしの脳科学』）。

また、広島県の「小5基礎基本調査」（平成15年）の学力テストの平均点をみると、**表2-3**のように、睡眠時間が5時間以下では、国語が52点，算数が54点で最も悪く、睡眠時間がそれ以上になるほど学力が高くなっています。ただし、睡眠時間が10時間以上になると、学力が低下していま

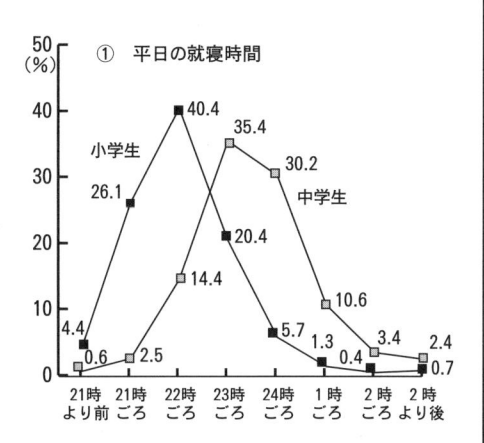

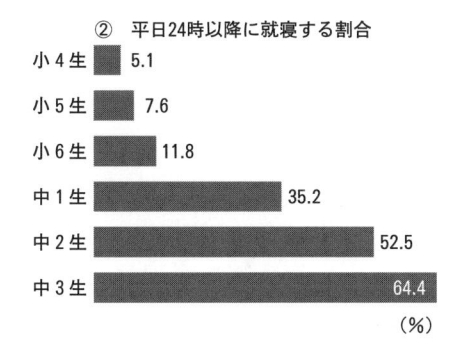

図2-6 小・中学生の就寝時間
（文部科学省，平成17年）

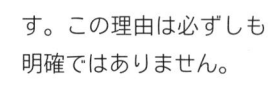

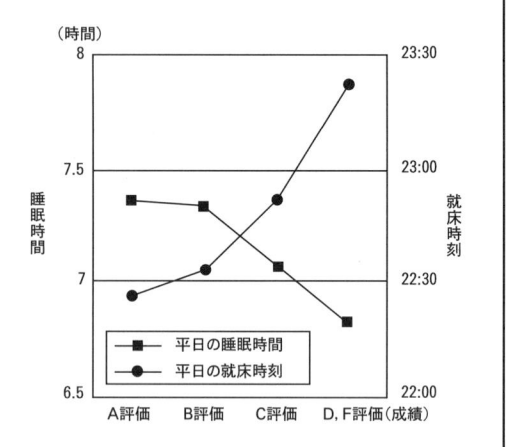

す。この理由は必ずしも明確ではありません。

図2-7　就床時刻・睡眠時間と学力（ウルフソンら）

表2-3　睡眠時間と学力（広島県）

	5時間未満	5時間	6時間	7時間	8時間	9時間	10時間以上
国語	52	62	66	70	71	70	65
算数	54	66	70	74	74	74	68

(2)　1日の勉強計画

1週間の計画の次には，1日の計画を考えます。最も大切なことは，学校の時間割に合わせて家庭学習の計画を立てることです。そのとき，次の点に注意するとよいでしょう。

① 学校で勉強したことは，その日のうちに復習する。
② 翌日の予習をする。
③ 土曜日，日曜日には余裕をもたせ，遅れた勉強を取り戻したり，次の週の予習にあてるなど，計画のくるいを調整できるようにする。

(3)　勉強時間の配分方法

家庭学習の計画を立て，時間表を作るときには，次の点に注意します。

① 1週間を通じて，各教科に対し，重点的に勉強する日を分散する。
② 予習・復習のための時間を十分とっておく。
③ 得意で，しかも短時間でやれる教科には，長い時間をとらない。
④ 難しいと思う教科には，長い時間をとっておく。
⑤ 1つの教科に対して長い時間をとるよりも，短い時間を二度または三度とったほうが，一般的には効果がある。

⑤について，1回の学習時間は，小学校低学年では25分から30分，高学年では30分から50分，中学生では60分ぐらいがちょうどよいといわれます。

表2-4は，ターマンが知能検査をするとき疲労を生じない適当な時間として示した標準です。これは，子どもの1回の学習時間としても適当であると思われます。

表2-4　1回の学習時間
（ターマン）

年齢（歳）	時間（分）
3〜5	25〜30
6〜8	30〜40
9〜12	40〜50
13〜15	50〜60
大人	60〜90

(4) 平日の家庭学習の時間

1日の勉強の計画を立てるとき，どのくらいの時間がとれるでしょうか。前述の平成17年の文部科学省の調査では，平日の家庭学習の時間を，学習塾での学習時間を除いた場合と含めた場合に分けて，図2-8のように示しています。これで見ると，学習塾の学習時間を除くと，ほとんど勉強しない子どもが，小学生で17.1％，中学生で42.5％になっています。

これに学習塾を含めると，ほとんど勉強しない子どもが小学生で11.9％，中学生で22.4％になります。なお，通塾率は小学生で平均約4割，中学生で約5割になっています。

このように，宿題や自分の勉強をする時間が少ないことは，国際比較の調査においても，すでに指摘されています。OECDの平成12年度の調査では，参加27か国の中で最低です。それにしても，家庭学習をほとんどしない子どもがこれだけいるとは驚きです。これは，家庭においてテレビを見たりゲームをしたりすることによると思われますが，これでは予習・復習をほとんど

82　第2章　学習態度の育て方

【学習塾を除く】

	ほとんどしない	30分くらい	1時間くらい	1時間30分くらい	2時間くらい	2時間30分くらい	3時間くらい	3時間以上	無答・不明
小学生	17.1	42.5	25.9	10.6	1.8	0.8	1.3		0.6
中学生	42.5	25.9	8.2	7.0	1.6	1.0	1.4		0.6

数値は左から「2時間30分くらい」「3時間くらい」「3時間以上」を示す。（％）

【学習塾を含む】

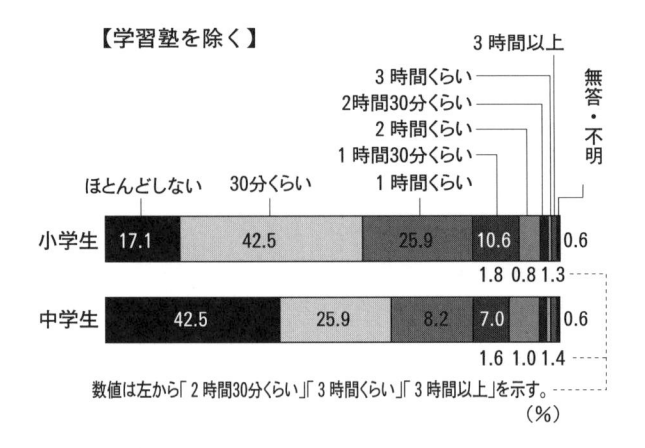

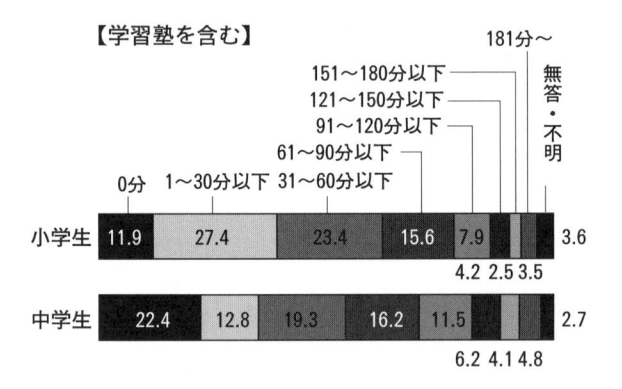

	0分	1～30分以下	31～60分以下	61～90分以下	91～120分以下	121～150分以下	151～180分以下	181分～	無答・不明
小学生	11.9	27.4	23.4	15.6	7.9	4.2	2.5	3.5	3.6
中学生	22.4	12.8	19.5	16.2	11.5	6.2	4.1	4.8	2.7

図2-8　平日の家庭学習時間（文部科学省，平成17年）

しないことになり，学力向上といっても無理があります。やはり，小・中学生の段階から，きちんと家庭学習をする習慣をつけたいものです。

3　計画表の効果

　時間のむだをなくし，効果的に勉強するためには，計画的に生活すること大事だと考え，計画表の作り方について述べてきましたが，この計画表を作って勉強すると，さらに，次の効果があります。

① **勉強に意欲が出る**　計画を立てて勉強していると，その時間がくれば，どんなことをしていても，あるいは気がのらなくても，「勉強の時間か」「よし，やろう」といった気分になります。計画が，勉強の意欲を引き起こすきっかけになるのです。

② **反省の資料になる**　計画を立てて勉強すると，勉強が終わったとき，計画通りに勉強したか，計画通りいかなかったときには，その原因は何か（努力不足か，なまけたかなど），計画通り進めるためには明日からどうすればよいかなど，反省することができます。これにより，生活や勉強の方法を改めることにもなります。

③ **勉強の習慣をつける**　毎日，計画的に勉強していると，やがて，それが習慣になります（前に述べた条件反射の原理による）。勉強することが生活の一部となり，テレビを見たり，食事をしたりするのと同じように，苦痛もなく，当たり前のことになるのです。そして，机に向かう時間も，知らず知らずのうちに長くなります。

④ **勉強の能率が上がる**　計画を立てて勉強することが軌道にのると，時間を効果的に使うことができ，勉強に意欲的に取り組むようになり，成績も上がります。

4　計画の実行

　計画の立て方とその効果について述べましたが，その効果を上げるためには，計画をきちんと実行することが大事です。計画は立派でも，それを実行しなければなんにもなりません。そこで，計画を実行する習慣をつけることが大事になりますが，その方法については，すでに述べた条件づけ，模倣，知的理解，意図的形成によるのがよいでしょう（p.44参照）。

　特に，本人が親や先生の話を聞くとか，書物を読むとかすることによって，学習法，学習習慣の意義・役割を理解し，その計画を実行することの重要性を理解して，根気強く実践することが大事です。そのためには，わがままを

抑え，我慢し，根気強く努力する自己統制力が必要になります。これも，本人の日頃の努力によって身につくものです。

■指導のポイント

1. 時間を活用するための原則を理解させ，自分の現在の生活の仕方，勉強の仕方について考えさせます。
2. 計画を立てることの意義を理解させ，1週間，1日どのように生活し，勉強するかについて計画表を作らせます。
3. 自分の立てた計画表を実行するように励まします。
4. 実行できたかどうかをときどき自己点検，自己評価させます。

第3節 学習環境
勉強部屋の生かし方

　勉強の能率は，いつ，どこで，何を，どのように勉強するかによって違ってきます。ここでは，どこで，すなわちどんな環境で勉強するのがよいか，について述べます。

1 環境の影響

　環境は，そこにいる人々に働きかける力をもっています。例えば，見知らぬ人が大勢いるところに出ると，心が緊張し，あがった状態になります。ところが，親しい人が大勢いるところでは，心もくつろぎ，気楽に話せます。また，真夏の暑いときや真冬の寒いときには，思うように勉強ができません。これらは，みな環境の影響です。したがって，勉強の能率を上げるためには，環境を整えることが大事になります。

　ところが，同じ環境でも，その人の心のもち方によっても影響が違ってきます。同じ食べ物でも，空腹のときと満腹のときとでは感じ方が違います。勉強部屋が狭いときにも，「こんな狭いところではだめだ」と思うと，ますます勉強する気になれませんが，「狭いほうが気持ちが落ちつく」と考えれば，気持ちよく勉強できるようになります。

　したがって，勉強する環境をよくするように努力することはもちろん大切ですが，心のもち方を積極的な面に向けること（フロラス思考）もまた大切です。あまり理想的な環境ばかり追いかけ，現状に不満をもつだけでは，勉

強にはマイナスです。

2 勉強部屋

(1) 勉強部屋の望ましい条件

ここでは，家庭で勉強するときの勉強部屋の望ましい条件をあげてみます。

① **個室がよい**　理想をいえば，ひとりで静かに勉強できる部屋がよいのですが，家の事情でそれが不可能なときには，カーテンで仕切ったり，本棚で仕切ったり，机の置き方を工夫したりして，同室の人が直接目に入らないようにします。

もちろん，低学年の子どもでは，必ずしも個室は必要ではありません。むしろ，親が手軽に見てやれる場所のほうが，勉強がうまくいくことが多いものです。ただ毎日，同じ場所でするようにしむけることが大事です。

② **静かなところ**　騒々しい音は，気にしだすとますます耳につき，勉強の妨げとなります。そこで，勉強部屋は，台所や居間から離れていること，道路に面していないことが望まれます。道路に面していて注意の集中ができないときには，窓にカーテンをかけるか，ガラスをくもりにして，外が直接見えないようにするとよいでしょう。

③ **日当たりのよいこと**　日当たりのよいところは，衛生上もよいし，冬も暖かい。この点，南向き，東向きの部屋がよいでしょう。西向きの部屋は，真西日が差し込むので日よけが必要になります。北向きの部屋は，日が差し込まないので落ちついて勉強できますが，冬は寒いので暖房の工夫が必要です。

(2) 机と椅子

机と椅子は，まず身長に合うことが必要です。窮屈な姿勢では，時間ばかりかかって，作業の能率は上がりません。

次に大事なことは使い方です。その要点をあげると，次のようです。

① **窓が左側になるように置く**　机を窓に向けて置くと明るくてよいのですが，窓の外のものに目移りし，気が散りやすくなります。
　② **壁に向けて置く**　壁に向かって勉強すると，気分が落ちつきます。しかも壁には，気を散らすようなものは貼りつけず，できるだけ単調にします。
　③ **机の上に物を置かない**　机の上に教科書やノートを積み重ねるのは，勉強の能率を妨げます。アメリカの学者ロビンソンは，2300人以上の学生について，必要とする机の大きさを調べ，約30インチ（76cm）×48インチ（122cm）が必要だとしています。
　④ **勉強以外に使わない**　食事や遊びなど勉強以外のことに使わないようにします。勉強だけに使っていると，その場所に慣れ，机に座るや否や勉強を始めるようになります（条件反射の原理による）。

(3) 照明と採光

　目の疲れを防ぎ，勉強の能率を上げるには，明るさを考えることが必要です。昼間，天気のよいときには日光の明るさでよいのですが（ただし，直射日光は避ける），夕方とか夜とかで電灯を用いるときには，照明や採光に気をつけます。

　読書には，だいたい100ルクスから200ルクスぐらいがよいといわれています。机上の蛍光灯スタンドを用いれば，10ないし20ワットでよいことになります。

　しかも，電灯からの光が直接目に入らないように，反射光を利用するほうがよく，光線のとり方としては，右ききの人は左側か，左前方からがよく，左ききの人は，その逆が適しています。

　なお，本の周囲の明るさが本の上の明るさと同じ場合と，本の周囲が暗い場合とでは，かなり感じが違うものです。周囲が明るい場合には，割合楽な気持ちで本が読めますが，気が散ります。反対に，本の上だけ明るいときには気分も落ちつき，注意を集中できますが，疲れやすいといわれています。

勉強の場合には、机の上にスタンドをつけるだけでなく、部屋全体を薄暗く照らすようにするとよいでしょう。6畳の部屋なら、20ワットぐらいの電灯1個で間に合うといわれています。

(4) 温度・湿度・通風

勉強は暑すぎても寒すぎても、湿気が多くむし暑くても能率が上がらないことは、だれもが経験しているでしょう。

勉強にどの程度の湿度がよいかは、その人の体力とか勉強の内容によって違いますが、だいたいセ氏17, 8度から20度ぐらいがよいでしょう。この場合にも、湿度と通風が影響します。温度が高くても、湿度が低かったり、風通しがよければ過ごしやすくなります。今日では冷暖房の設備が進んでいるので、これを賢く使うことが大事です。

(5) 装飾と色彩

勉強部屋の壁やカーテンの色なども、人の心に影響します。そこで、人間に与える色の効果を利用した色彩調節（カラー・コンディショニング）が広く試みられています。これは、室内の色どりを工夫して、作業の能率、安全を高めることをめざしています。一般に赤色系統の色は暖い、いきいきとした感じを与え、青色系統の色は冷たい、落ちついた感じを与えます。勉強のときにもこの考えを取り入れ、気持ちよく勉強できるようにするとよいでしょう。

なお、勉強部屋はごたごたと飾りたてないで、できるだけ単調にし、きちんと整理しておくことが大事です。

(6) 騒音への対処

だれでも、騒しいところでは、落ちついて考えることも覚えることもできません。無理に注意を集中して勉強しようとすると、気分がいらいらしたり、あせったりしてしまいます。もちろん、よく聞きなれている音で、ほとんど

高低のない音は，あまり強くなければ，それほど気になりません。ときには大脳を刺激し，眠けをさます効果もあります。工場などで，職場の背景として音楽を用いるのは，このためです。働く人の疲労感や飽きの感じを少なくし，作業量を上げることができます。また，職場音楽は，騒音ややかましさをおおう遮蔽効果（マスキング効果）をもつといわれます。

しかし，話し声やラジオ・テレビの歌など意味のある音は，注意を散漫にし，勉強の能率を下げます。騒音が気になるときには，次のことを試みるとよいでしょう。

- 騒がしいと思ったら，自分も声を出して本を読む。音読は注意の集中を助ける。
- 簡単な作業をする。ノートの整理，単語の意味調べなど，機械的にできることをする。
- 自分の得意な勉強をする。好きなものや得意なものは少々騒がしくても大丈夫である。
- テープで勉強する。また，ラジオやテレビの教育番組を生かすのもよい。書物を読もうとするといらいらするから，自分も音を利用して勉強する。
- 新聞・雑誌を読む。騒がしい時間には，教育に関係した新聞や雑誌を読み，常識や一般教養を広める。
- レクリエーションに繰り入れる。大体，毎日同じ時間帯に騒がしいようであれば，その時間をレクリエーションにあてる。初めから予定していれば，自分も気が楽になる。

(7) **音楽の影響——ながら勉強**

アメリカの学者ヘンダーソンは，音楽が読書能率にどのように影響するかを調べる，次のような面白い研究をしています。

まず50人の大学新入生（女子）を知能検査・読書能力検査に基づいて，3つの等質群——①音楽を聞かせないグループ，②クラシック音楽を聞かせるグループ，③ポピュラー音楽を聞かせるグループに分けました。

そして，音楽を聞かせるグループ（②と③）には，音楽を聞かせながら，言葉の検査を10分，文章理解の検査を20分行ないました。レコードの音量は，学生がふだんラジオを聞きながら勉強するときと同じくらいにしました。その結果は，**図2-9**のようになりました。

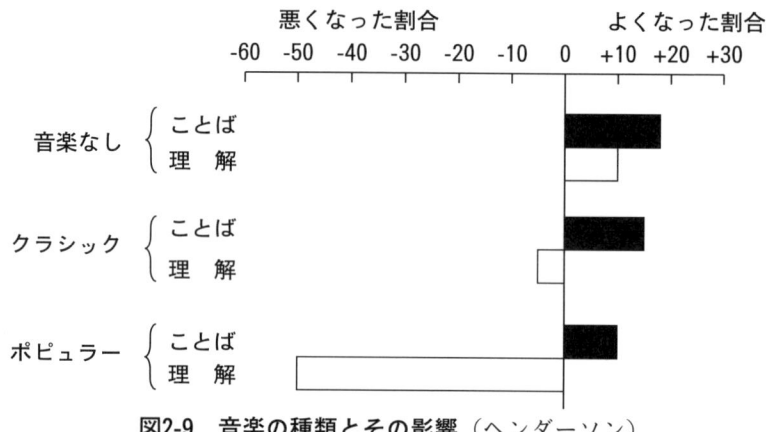

図2-9 音楽の種類とその影響（ヘンダーソン）

まず言葉の検査は，ポピュラー，クラシックのとき，ともにややよくなっています（はっきりした差はない）。

しかし，文章理解の検査の成績は，クラシックのときにもやや低下していますが（はっきりした差はない），ポピュラーのときには，著しく低下しています。

それでは，なぜポピュラー音楽が文章の理解に悪い影響を及ぼし，クラシック音楽は影響しなかったのでしょうか。彼は，次のように説明しています。すなわち，クラシックのリズムとメロディーは，ポピュラーのそれよりもずっと複雑であり，明白ではありません。学生は，ポピュラー音楽はたやすく理解して，それに耳を傾けますが，クラシック音楽は理解しにくいので，それに注意して聞こうとしなくなるのです。したがって，これをかけながら，ほかの知的作業を行っても影響が少ないと考えられるのです。

また，ポピュラー音楽が文章の理解に悪い影響を及ぼす一方で，言葉の成績には影響しない点については，次のように説明されています。すなわち，

文章は意味があり，一連の関係をもっています。そこで，学習者は，それを理解するためには，一様に努力を続けなければならない。これに対して，言葉のほうは断片的であり，関連がなく，それほど努力を必要としないのです。

このような点から，勉強中，音楽にほとんど注意を払わない人にとっては，快い，声楽でないクラシック音楽の演奏は，学習の助けとなるかも知れませんが，音楽を聞くとき，それに注意を集中する人にとっては，クラシック音楽でさえも悪い影響を与えるといえます。したがって，「最も安全なやり方は，音楽を聞きながら勉強しないことである」といわれています。

もちろん，やかましい条件下でもよい結果を得ていることもありますが，そのような条件下では勉強に注意を集中しようとする努力のため，余分なエネルギーが必要となり，疲れやすいと考えられます。

3 勉強部屋の活用

勉強部屋は，できるだけ注意を集中できるようにします。そのためには，前述のように，部屋を飾らない，机の上にものを置かない，興味のある音楽を避けるなどの注意が必要ですが，さらに，その使い方も大事です。

まず，勉強部屋は，勉強だけに用います。勉強部屋で規則正しく勉強すると，条件反射の原理により，その部屋に入ると，ひとりでに勉強する気持ちになります。したがって，勉強部屋で，勉強以外のこと，例えば友達と遊ぶ，食事をするなどはしないようにすることです。

また，姿勢も勉強に結びつきます。椅子にきちんと腰かけ，姿勢を正して勉強していると，その姿勢をとると勉強する気持ちになります。

最も悪いのは，夜勉強を始める前にパジャマを着て，寝具の用意をし，長椅子やベットに横になることだといわれています。この服装と姿勢のときには睡眠に入るように条件づけられているので，自然に眠くなり，勉強に注意を集中できなくなります。もし，これらの条件下で，無理に目覚めて勉強する習慣をつけると，今度は逆にベットについても眠れなくなってしまいます。

したがって，勉強の能率を上げるためには，勉強が終わってから寝具の用意をするのがよいでしょう。

4 家庭の雰囲気

　子どもが計画を立て，それを実行していくためには，家庭の協力が必要です。子どもが何時に起床し，何時に食事をし，何時から勉強しようと計画しても，親の生活が不規則では，うまくいきません。特に低学年の子どもには親の生活態度が影響します。子どもに規則正しく勉強させようとするならば，まず，親がよいモデルを示すことです。そして，子どもに必要な基本的な生活習慣を身につけさせることが大事です。

　また，家庭が円満で，雰囲気がほがらかで，おだやかで，子どもの教育に関心をもち，熱心であることも大事です。もちろん，過度の関心や厳しすぎるしつけも問題ですが，無関心や放任も問題です。

　なお，子どもにも相手の立場を考え，わがままを抑えるようにしつけることも大事です。小学校高学年，さらには中学生になると，自己を意識し，自己中心的になり，情緒不安定にもなります。そこで，子ども自身が家庭の雰囲気を乱すもとになることもあります。したがって，子どもにも，家庭の無理解，非協力を責めるだけでなく，家族の生活に協力する態度をとるようにしむけることが大事です。

■指導のポイント

1. 環境が勉強に影響するが，本人の気持ちのもち方も大切であることを理解させ，いつも前向きに考えるように指導します。
2. 家では，どんな環境，あるいは条件のもとで勉強しているかを考えさせます。
3. 自分の環境を生かすために，どんな工夫をしているかを考えさせます。

4. 物的条件だけではなく，心理的環境，いわゆる雰囲気についても考えさせます。
5. その雰囲気をよくするために，自分がどんな工夫や努力をしているかを考えさせます。

第3章

学習技術の育て方

第1節 授業の効果的な受け方
第2節 ノートのとり方・生かし方
第3節 上手な本の読み方・文章の書き方
第4節 テストの生かし方

第1節 授業の効果的な受け方

1 授業は勉強の中心

　勉強は何といっても授業が中心です。予習・復習が大事だといっても，それは授業の準備と授業の確認・補充です。授業をいいかげんに受けていては，予習・復習も役立ちません。

　授業では，教師が各教科の基礎的基本的なことを順序を追って指導します。したがって，授業中に習うことを完全に習得すれば，学力は身につきます。もともと，授業には次の特徴があるので，この特徴を生かすことが大事です。

〈授業の特徴〉
① 計画的である。
② 学習内容を順序よく教えたり，考えさせたりする。
③ すべての生徒にわかるように能力，性格を考えて教える。
④ 実験・実習・実技など，書物を見ただけではわからないことを実際に行なわせる。
⑤ クラスや集団で，討議や共同学習など，ひとりではできないことを経験させる。
⑥ 予習・復習でわからなかったことを教師に質問できる。

2 教師の配慮

教師は，授業中，生徒が効果的に勉強できるようにするため，教室の秩序を保ち，生徒が注意散漫に陥らないように次の配慮をします（オグデン，ウールフォルクら）。

① 時間どおりに授業を始める。生徒の着席と同時に授業が始められるように教材を整える。
② 教師は黒板に向かって話さないで，クラスに向かって話す。長時間，背中をクラスに向けない。
③ 授業の初めに内容について簡単に概観する。
④ 声をそろえて一斉に答えさせないようにする。それぞれの生徒が反応し，練習し，そしてフィードバックを受ける機会をもつようにする。
⑤ ランダムに指名する。これは名前を呼ぶ前に緊張感をつくり出すのに役立つ。一人の生徒に集中したり，質問に答える生徒を指名しておいたり，あらかじめ決めた順番で復唱させたりするのは緊張感をなくす（しかし，過度の緊張を防ぐためには，ランダムに指名しないで，順番に指名するのがよい場合もある）。
⑥ いたずらをしても成績を下げるとか，余分な作業を課すといった罰を与えない。
⑦ 規則が破られたら，生徒に一度注意し，それ以後の繰り返しには決められている処置を実行する。
⑧ 生徒の安全を脅かすような出来事，例えば，けんか，暴力などは，直ちにやめさせる。
⑨ 大声で叫ぶのを穏やかに阻止する。
⑩ 皮肉を用いない。
⑪ 生徒には礼儀正しくし，生徒が礼儀正しいときには称賛し強化する。
⑫ 生徒がわざと間違った行為をしたときには，その処理をきちんとする。

しかも一貫した処理をする。
⑬　自分が生徒の協力を期待することを自信のある方法で伝える。
⑭　静かに振る舞い，愉快にする。しかし，重大な混乱は見逃さない。
⑮　積極的な手続き（ほめるなど）ではどうしてもうまくかないときには，最後の手段として罰を用いる。
⑯　教室を巡回し，それぞれの領域で何が起こっているかをみる。少数の生徒だけに没頭しない。

教師は授業の効果を上げるために，このような配慮をします。生徒にも協力を求め，教室の秩序を乱さないようにすることが大事です。

3　授業の上手な受け方

授業にはこのような特徴がありますが，これを生かすかどうかは生徒本人の心構えや努力によります。本人が積極的に勉強すれば，自分のわからないところが理解でき，やる気も起こり，力がつきますが，消極的で受け身になっていると，教師の説明もわからなくなります。教師は一度に40人なり30人なりの生徒を指導するので，うっかりしていると取り残されてしまいます。

■子どもたちの授業中の様子・授業に対する意識
　今日の小・中学生は，授業中どんな様子や態度をとっているでしょうか。前にも述べた平成17年の文部科学省の資料によると，図3-1のようになっています。
　これでみると，「授業が楽しいと思う」割合は，小学生で83.5％，中学生で74.8％となり，多くの児童生徒が授業を積極的に受け入れていることになります。
　これに対して，「授業の内容がむずかしすぎると思う」割合では，小学生で48.3％，中学生で63.4％，逆に「授業の内容がかんたんすぎると思う」割合は，小学生で40.0％，中学生で23.9％となっている。
　これでみると，小・中学生とも授業は楽しいと思いながら，中学生にな

ると授業が「むずかしすぎる」と思う生徒と「かんたんすぎる」と思う生徒に分かれる傾向が生じています。「むずかしすぎる」と感じる児童生徒には，もう一度自分の勉強の仕方を考え，授業に積極的に取り組むようにさせたいものです。

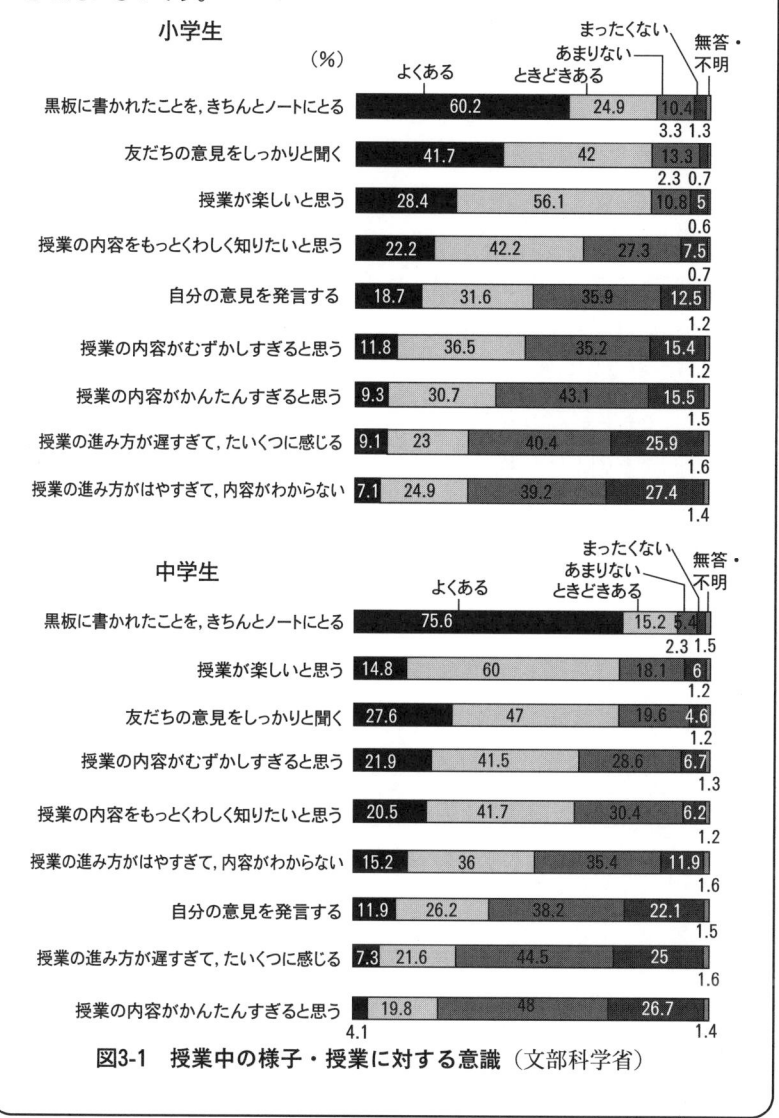

小学生 (%)　よくある／ときどきある／あまりない／まったくない／無答・不明

項目	よくある	ときどきある	あまりない	まったくない	無答・不明
黒板に書かれたことを，きちんとノートにとる	60.2	24.9	10.4	3.3	1.3
友だちの意見をしっかりと聞く	41.7	42	13.3	2.3	0.7
授業が楽しいと思う	28.4	56.1	10.8	5	0.6
授業の内容をもっとくわしく知りたいと思う	22.2	42.2	27.3	7.5	0.7
自分の意見を発言する	18.7	31.6	35.9	12.5	1.2
授業の内容がむずかしすぎると思う	11.8	36.5	35.2	15.4	1.2
授業の内容がかんたんすぎると思う	9.3	30.7	43.1	15.5	1.5
授業の進み方が遅すぎて，たいくつに感じる	9.1	23	40.4	25.9	1.6
授業の進み方がはやすぎて，内容がわからない	7.1	24.9	39.2	27.4	1.4

中学生　よくある／ときどきある／あまりない／まったくない／無答・不明

項目	よくある	ときどきある	あまりない	まったくない	無答・不明
黒板に書かれたことを，きちんとノートにとる	75.6	15.2	5.4	2.3	1.5
授業が楽しいと思う	14.8	60	18.1	6	1.2
友だちの意見をしっかりと聞く	27.6	47	19.6	4.6	1.2
授業の内容がむずかしすぎると思う	21.9	41.5	28.6	6.7	1.3
授業の内容をもっとくわしく知りたいと思う	20.5	41.7	30.4	6.2	1.2
授業の進み方がはやすぎて，内容がわからない	15.2	36	35.4	11.9	1.6
自分の意見を発言する	11.9	26.2	38.2	22.1	1.5
授業の進み方が遅すぎて，たいくつに感じる	7.3	21.6	44.5	25	1.6
授業の内容がかんたんすぎると思う	4.1	19.8	48	26.7	1.4

図3-1　授業中の様子・授業に対する意識（文部科学省）

授業にのぞむ望ましい態度としては，次の点があげられています（ロビンソン）。

① 始業のベルが鳴ったら（あるいは時間がきたら），すぐ講義を聞く準備をすること。
② 教師を注意深く見守ること。目を教師に向けること。
③ 耳を教師の指示に合わせること。
④ 他の生徒が発表したり，答えるときには，それを聞くこと。発表の順番を待つこと。
⑤ ノートをとること。書くことは聞くことを訓練する最上の方法である。書くためには，無理にでも聞かねばならない。
⑥ わからないときには積極的に質問し，教師の質問には積極的に答えること。
⑦ それぞれの教師の方法に順応すること。
⑧ 教師より先んじて考えること。
⑨ 注意散漫を防ぐこと。
⑩ 批判的に，徹底して，そして理解して聞くこと。

4 授業のマナー

授業の上手な受け方について述べましたが，特に授業を受ける際の基本的なマナーとして，次のものがあげられています（ロビンソン，タッシング）。

① 授業をさぼらない。欠席すると，授業を聞く機会を失うだけでなく，教師を悩ませる。欠席の多いほど，成績も悪くなる。
② 遅刻しない。遅刻は教師にも，クラスにも注意散漫を引き起こし，迷惑をかける。
③ 授業に参加する。授業に協力し，積極的に参加する。教師が「だれか」というときには，自分から申し出る。グループ学習においても，積極的

に役割を果たし，傍観者にならないようにする。
④　飽きを示さない。授業に飽きることがあっても，それを態度に表さないようにする。隣の生徒に話しかけたり，いたずらしたりしないこと，時計を頻繁に見たり，終業のベルが鳴る前に教科書やノートを片づけたりしないことである。教師は授業時間に耐えられない生徒を嫌がる。
⑤　提出物は期限を守る。宿題やレポートは，決められた期限までに提出する。

5　座席の位置

　教室内で自由に座席を選べるときには，できるだけ，講義を聞きやすい席を選びます。

　座席の位置の好みと成績を調べた研究によると，教室の中央の前のほうにすわる人の成績がよくなっています（ロビンソン）。黒板に示される資料が見やすいところ，教師の唇が見えるところがよいでしょう。

　これに対して，教室の後ろのほう，ドアに近い所，窓ぎわの3つの場所は注意集中が妨げられ，よくないといわれています。

　したがって，座席が決められているときには，学期ごとにでも席がえをして，同じ生徒がいつも不利にならないようにすることが必要です。

6　注意集中の仕方

　「授業中に気が散って困る」という生徒がいます。そういう場合には，次のように指導します。

　①　**ノートをとる**　　教師の話だけ聞いていると，つい空想にふけったり，わき見をしたり，眠くなったりします。それを防ぐには，ノートをとることです。教師が黒板に書いたことはもちろん，それ以外のことでも大事だと思うところは，ノートにとるようにします。

② **授業中に一度は質問する**　どの時間にも，一度は質問しようと努めましょう。質問しようと思うと，どうしても教師の話に注意を集中するようになります。

　③ **体の調子を整える**　注意の集中ができるかどうかは，その人の性質にもよります。落ちつきのない人は，どうしてもあちらこちらに気が散ります。また，身体が不調であったり，心に悩みがあったりすると，なかなか注意の集中ができません。

　授業で注意を集中するためには，本人の性質を直すと同時に，身体の調子を整え，つまらぬことを気にやんだり，心をいらいらさせないようにすることが必要です。

　また，休み時間に激しい運動をして，授業が始まってからも，なお胸がどきどきしているようではうまくいきません。

　さらに，授業中つい眠くなって，うとうとしそうなときには，机の下で足首を運動させるとか，両腕を動かすとかして，睡魔を退けるのがよいでしょう。

　④ **注意集中の訓練をする**　注意の集中については，のちほど 4 章 2 節で述べますが，自分で自分の行動を記録し，自ら評価し，強化（報酬）を与えることによって注意の集中時間を延ばすこともできます。

7　質問の仕方・答え方

(1)　教師への質問の仕方

　授業では，教師の説明の要点をつかもうと真剣になって聞き，その要点をノートにとり，さらにわからないところは質問し，その日のうちに理解するようにすることが大事です。

　もちろん，質問の仕方にも上手・下手があります。初めから，よい質問をうまくしようとしていると，質問するタイミングを失ってしまいます。初めのうちは，疑問に思うことやわからないことがあったら，遠慮なく質問する

ことです。しかし、思いつきで質問したのでは、自分のほんとうに知りたいと思うことが教師に伝わらないことがあります。

　ここでは、質問する場合の注意点をあげてみます。

　① **質問のタイミングを考える**　　教師の説明の途中や、次の項目の説明に入っているときには、質問しないようにします。教師が「何か質問は」といったときや説明の区切りがついたときが最もよいでしょう。

　② **自分で調べればわかることは質問しない**　　例えば、漢字の読み方などは、辞書で調べれば簡単にわかることです。

　③ **質問の要点をはっきりさせる**　　どこがわからないかをはっきりさせて質問します。

　④ **質問は簡単にする**　　だらだらと長い質問をしないで、要点を頭の中で整理してから短く質問します。

　⑤ **わざとらしい質問はしない**　　自分の力をみんなにひけらかすために質問したり、授業の進行を妨げるために無意味な質問をしたりしないようにします。

　⑥ **質問に対する答えは、必ずノートにメモする**　　聞きっぱなしでは、力はつきません。

(2) 教師の質問への答え方

　教師の質問には、いつも答えるつもりでいましょう。そうすると、授業中、熱心に聞くことになります。

　また、質問されたときには、自分の知っていることや、考えたことを要領よくまとめて答えるようにします。

　なかには、よく考えずに、すぐさま「わかりません」などという人がいますが、それでは力はつきません。教師は、どの程度理解しているかをみようと思って質問しています。間違った答えをみて、教師はその人に合った指導をするのです。

　積極的に質問したり、返答したりすることによって理解も深まり、力がつ

くことを忘れないようにしましょう。

8 グループ学習の生かし方

(1) グループ学習とは

グループ学習とは，生徒がお互いに協力して学習するために，学級をいくつかの小グループに分けて学習させる方法です。昔から分団学習，助け合い学習，小集団学習，班学習などの名前で行われてきましたが，今日では「競争より共生へ」といった社会の変化を反映して，「協力的学習」の名のもとに，一層よく用いられるようになっています。

この学習の方法は大別すると，「グループ研究法」と「仲間教授法」に分けられます（シャラン）。

グループ研究法は，4～5人のグループ（異質あるいは同質）で，グループに割り当てられた課題について一緒に作業し，完成した成果を提出します。

仲間教授法は，グループ内で，仲間同士が協力し，お互いに助け合い，教え合う方法です。

グループ研究法と仲間教授法の特徴は，**表 3-1** のようにまとめられています（シャラン）。

仲間教授法の1つに，相互教授法があります。これは，次のように行われます。

- 生徒が2人1組になって学習する。
- 学習者は再生者と聞き手の役割を交替する。彼らは，まずテキストの一節を読み，それから再生者は内容を声を出して要約する（生徒の役割）。
- その間，聞き手はそこに誤りがあれば訂正するし，省かれた部分があれば補う（教師の役割）。

(2) グループ学習の効果

このグループ学習には，次の効果があげられています。

表3-1 仲間教授法とグループ研究法の比較（シャラン）

仲間教授法	グループ研究法
知識の源と種類および学習課題の性質	
(1) 知識は教師やテキストによって与えられる。 (2) 学習の源はカード，ワークシートや講義に限られる。 (3) 課題は知識と技能の獲得を強調する。	(1) 知識は生徒によって集められる。 (2) 学習の源は数と種類において多様である。 (3) 課題は問題解決，知識の説明，総合，応用を強調する。
個人間関係とコミュニケーション	
(4) チームの中の仲間のコミュニケーションは主に一面的か二面的である。 (5) 仲間のコミュニケーションは教師が教える内容の復唱である。 (6) 仲間の相互作用はしばしば地位の区別を伴う（私は教え，あなたは聞く）。 (7) 生徒は時折あるいは2人で相互作用をする。	(4) チームの中のコミュニケーションは主に二面的か多面的（討論）である。 (5) 仲間のコミュニケーションはアイデアの説明と交換である。 (6) 相互作用は主に対等の立場での相互の意見交換に基づく。 (7) グループメンバーはグループ規模で活動を調整する。
学問的成果，評価と報酬	
(8) 学問的成果は他と関係が無い（手段には協力があるが，目標にはない）。 (9) 評価は主に個別である（個人的なテスト，得点）。 (10) 報酬は外発的である（個人的称賛）。	(8) 学問的成果は相互依存である（手段と目標の両方に協力がある）。 (9) 評価は個人とグループの両方である（グループ共同の成果としての報告やプロジェクト）。 (10) 報酬は主に内発的である（自発的関心）。
教室の体制化	
(11) クラスはまとまりのないチーム，あるいは同じ課題に従事するチームの集合として機能する。	(11) クラスはグループ間の調整および仕事と課題の分割を伴う多くのグループの集まりとして機能する。

① **学習意欲が高まる** 1人では勉強する気になれなかったり，すぐ飽きる人でも，グループに入るとやる気が出るものです。みんなが一生懸命にやっているときに，自分だけ1人なまけているわけにはいかないからです。

② **知識・理解を深める**　「3人よれば文殊の知恵」ということわざもあるとおり，みんなの知識を出し合うことによって，自分の気づかない点も明らかになります。今日では，お互いのやりとりを通して理解を深めることを重視する社会的構成主義という立場もあります。

③ **仕事の分担ができる**　問題が多かったり，複雑なときに，手分けす

■**グループ学習と個人の学力向上**

　グループで勉強することにはいろいろの利点があげられますが，グループ学習から直ちに個人の学力が向上するかどうかは問題です。この点については，次の研究が参考になります。

　アメリカの学者（ハッドギンス）は，小学校5年生を2つのグループに分け，半分は4人ずつのグループで，他の半分は個人で算数の問題を3日間（合計120題）解かせました（第1回め）。その後，いずれの子どもも，個人で算数の問題30題を解かせました（第2回め）。その際，子どもにより，1日後，2日後，5日後，12日後と時期をずらしました。その結果，第1回めの段階では，グループで解いたほうが個人で解いた子どもよりも成績がよく，グループ学習の効果が認めらました。しかし，第2回め，すべての子どもが個人で解いたときの成績を見ると，グループの子どもと個人の子どもとの間に違いがなく，グループによる問題解決の経験は個人で問題を解く経験よりも，個人の能力を促進するとはいえないと結論しました（図3-2）。

　そこで，グループ学習の評価では，個人の成績の評価の合計をグループの成績の評価とする方法が用いられています。つまり，グループの成功は各メンバーの個人的成功にかかっていることを自覚させることにより，各メンバーが責任をもって学習するので，各人の学力も向上すると考えられているのです。

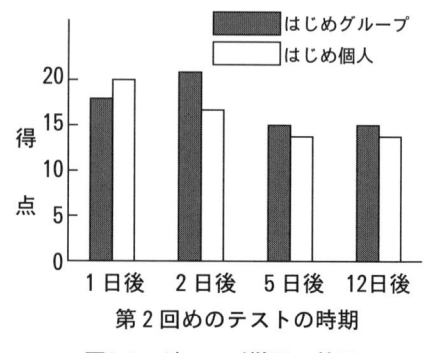

図3-2　グループ学習の効果
（ハッドギンス）

れば楽にできます。実験・実習や調査研究の場合によく見られます。しかし，みんなで，いつまでもがやがやしていたのではよい解決にはいたらず，時間の浪費になります。「船頭多くして船山へ登る」ということわざのようになります。

④ **欲求不満が少なくなる**　自分1人だと，うまく問題が解けなかったり，勉強がはかどらなかったりすると，欲求不満を起こし，勉強を投げ出してしまうことがあります。ところが，仲のよいグループに入ると，たとえ失敗しても，みんなに励まされ，勉強を続けることができます。

(3) グループ学習の問題点

グループ学習は，学力の点だけでなく，協力的態度を育てるのにも役立つといわれていますが，実際には，いろいろ問題があります。例えば，グループの成員が互いに反感をもったり，グループの全員が課題に取り組まず，グループの中の優れた者が作業し，他は傍観者になったり，失敗したグループではメンバーが互いに非難し，グループの失敗に責任があると見られる個人を犠牲にすることもあります。

(4) グループ学習の生かし方

グループ学習にも長所があります。それを生かすためには，次の点に注意して指導することが大切です。

① **グループ内に互いに信頼し，助け合う雰囲気をつくる**

親しい友達とグループをつくるときには，遠慮なく話し合える効果があります。

② **目的をはっきりさせる**　何を勉強するのかはっきりさせ，互いに助け合うようにします。

③ **交替で出題・解答する**　問題を出すためには，その内容を十分に理解していなければなりません。また，解答し，説明することによって自分の理解も深まります（仲間教授法）。

9 討議法の生かし方

(1) 討議法とは

討議法は，お互いに意見を述べ合って，問題を解決したり，共通の理解を得ようとする方法です。議論をしている間に自分の考え方の足りないところや誤っているところに気づき，お互いによりよい考えを発展させることができます。

なお，討議と討論を区別し，前者は1つのことを決めるための話し合いであり，後者は意見を交換し，自分の意見や考えを変えたり，深めたりするための話し合いであると主張する立場もあります。しかし，国語辞典では一般に，両方とも「あることについて意見を述べ合うこと」と定義しており，また教育では話し合いによる指導法を討議法と呼んでいるので，ここでは討議，討論を含めて討議法とします。

(2) 討議の原則

課題が提出され，それについて討議するときには，次の点に注意します。

① **つねに問題の解決に努力する**　脇道にそれたり，堂々めぐりをしたりしないで，一歩一歩結論へ近づくように努めましょう。問題解決に必要な意見や事実だけを述べることが大事です。

② **積極的に参加する**　討議を能率的に進めるためには，みんな積極的に参加し，自分の意見を積極的に述べることが必要です。意見を出さないで，少数の人の発言に引っぱられるのでは，責任を果たしたことになりません。

③ **1人で独占しない**　自分1人しゃべらないで，みんなが討議に参加できるようにします。そのためには，自分の考えをよくまとめておいて，筋道の通った話をすることが大事です。

④ **ほかの人の意見や気持ちを尊重する**　ほかの人の意見もよく聞き，反対の意見でも，その理由をよく聞きます。討議に夢中になって感情的になっ

ては，正しい結論に達することができません。

⑤ **決まったことには心よく従う**　自分は反対であっても，多数の意見として決まったときには，それに従います。

(3) 討議の形式

討議の形式には，次のようにいろいろあります。その特徴を理解し，目的に応じて効率的に行うようにしましょう（クッキングガム）。

① **純粋形式の討議**

6，7人から14，5人までが討議の集団となり，集団の全員が直接討議に参加するものです。成員の1人がリーダーとなり，討議の進行を指導します。これには，いろいろの型がありますが，次の形式は授業で役立ちます。

六六討議　これは，できるだけ多くの成員が討議に直接参加できるように考えられたもので，バズ・セッションともいわれます。あるテーマについて，6人ずつのグループが6分間話し合いをし，その結果を各グループの代表者が全体に対して報告します。6人ずつのグループが6分間ずつ話し合いをするところから六六討議といわれます。授業では，この形式がグループ学習でよく用いられます。

ディベート　特定のテーマについて，本人の考え・信念に関係なく，賛成・反対の2つの立場（グループ）に分かれて議論する方法です。議論を深める過程を通して相手の価値観や立証の仕方を学ぶと同時に，コミュニケーション能力や表現力を高めることができます。勝敗を競うところからゲーム化しているという批判もあります。

② **類似形式の討議**

人数が多いため，全員が討議に直接参加できない場合には，純粋形式の討議に類似した形式が用いられます。この場合には，発言者と聴衆が区別され，発言者は1人または数名に限られます。

パネル・ディスカッション（陪審討議）　意見の違う者を4人ないし6人選び，多数の聴衆の前で，この陪審員的メンバーが討議します。リーダー

は問題を紹介し，問題の論点，対立する見解などを説明して討議に導入します。また，途中で聴衆を討議に参加させたり，質問させたりもします。

フォーラム（公開討論）　古代ローマのフォーラムの形式で，リーダーが座長となって司会をします。1人あるいは数名の者が演説し，聴衆は，これについて質問したり，意見を述べたりします。

シンポジウム（講壇式討議）　同じ問題について立場の異なる専門家が2人ないし5人くらい，その問題について，それぞれの立場から意見を発表し，聴衆があとで質問し，講演者がこれに回答するやり方です。司会者は，講演，質問，回答がうまく進行するように指導します。

(4) 討議の生かし方

　討議の進め方にはこのようにいろいろありますが，学校場面では，学習指導や生徒指導で適切と思われるものが用いられます。

　いずれの形式を用いるにしても，討議のときには，いつもメモ帳を用意し，大事な点だけを箇条書きにすること，文字は自分の読める程度に書くこと，わからない点は印をつけておくことが大事です。

　なお，討議が学習にとって重要であることも示されています（ロビンソン）。ある実験では，各学生が何回教室の討議に参加したかを記録し，他の実験では，その参加について各学生の質を評価しています。これらの得点は，学年の終わりに各学生が得た成績と密接に関係し，討議に積極的に参加するほど，学業成績もよいことを示しています。

　また，他の研究では，学生が討議において相互に影響し合う能力について測定し，この能力を授業における成功と比べています。それによると，討議場面において最も級友に影響を与えることができる学生は，教師にも最も好意的に影響し，最高の評点を得ることができたことが示されています。

　これらの結果からも，クラスの討議に参加することが成績にも影響することがわかります。

　したがって，授業では，討議に積極的に参加するように指導します。

(5) 積極的な態度をもつ

　授業で質問したり，先生の質問に答えたり，討議に参加したりする場合には，いつも積極的態度をもつことが大事です。しかし，これはなかなか難しいことでもあります。

　アメリカのある学者が，大学生に「なぜ，クラスの討論に参加しないか」について，その理由をたずねたところ，**表3-2** ような結果になりました（カーケンダル）。

　これをみると，多くの人が「もの笑いになるのを恐れる」「無知をばくろするのを恐れる」「おくびょうで発言できない」という理由をあげています。これで，他の人より劣っていると思われるのを恐れている人が多いということがよくわかります。教師が自分をどう思うか，友だちが自分をどう思うかといった不安のために，つい口がこわばってしまうのです。「準備がたりない」と，その不安は一層強くなります。

表3-2　討論に参加しない理由（カーケンダル）

理由	けっして，そうではない	ときには，そうである	しばしば，そうである	いつも，そうである
友だちのもの笑いになるのを恐れる	2％	19％	46％	33％
準備がたりない	2％	8％	38％	52％
無知をばくろするのを恐れる	1％	16％	41％	42％
おくびょう（内気）	0％	14％	44％	42％

　発言するためには，「気にするのは自分だけではない」「自分が気にしているほど，先生や友達は気にしていない」と考えて，積極的に発言することが大事です。

　学年，学期の初めに発言するのはよい方法です。この時期には，まだクラスの雰囲気が十分に固まっていないので，それほど圧迫感を受けません。また，この時期には，みんなが十分勉強していないので，多少要点を外れた質

問や応答をしても，それほど気になりません。この時期に思い切って発言し始めると，そのあとは気楽に話せるようになります。このことは，毎日の授業にも当てはまります。時間の初めに発言すると，その時間は活気のある勉強ができます。

10 効果的な予習・復習

(1) 予習の役割

　勉強の中心は授業ですが，授業の効果を上げるためには予習をすることです。修学旅行や遠足に出かけるときには，必ず地図や案内書で目的地やそこまでの経路について下調べをするでしょう。下調べをし，予備知識をもって出かけないと，大事なところを見落したり，むだなところを通ったりしてしまう恐れがあるからです。テレビを見るときにも，まず新聞のテレビ番組欄をチェックすることで，効率的に番組を楽しく見ることができます。

　授業のときもまったく同じです。予習で授業の内容について下調べをしておくと，理解も速いし，自分のわからないところをよく理解することもできます。さらに，授業のとき，どこが重要であるかもわかります。

(2) 予習の効果

① その日の授業でどんなことが行われるか見通しがつくので，授業中の先生の説明を速く理解できる。

② 予習しておくと，「先生に質問されても大丈夫だ」という自信がもて，落ち着いて授業が受けられる。

③ 自分のわからない箇所がはっきりしていると，授業に注意を集中でき，熱心に勉強できるし，ノートにとることもできる。

④ 授業の見通しが立ち，理解も速いので，教師の説明の要点をしっかり頭に入れることができるし，ノートにとることもできる。

⑤ 予習を十分にしてあると，復習に必要な時間が少なくてすむ。

いっぽう，予習は授業に対する新鮮さを失わせ，意欲がなくなるという欠点も指摘され，予習を勧めない立場もあります。しかし一般には，予習は必要であり，効果があるといえます。

(3) 予習の仕方

予習をどの程度やるかは，学年によっても教科によっても違いますが，一般的には次のようにいえます。

① 成績のよい人は予習に力を入れ，成績のあまりよくない人は復習に力を入れる。
② 国語，算数・数学，英語は必ず予習する。国語や英語はわからない単語や語句を辞書で調べ，ノートに記録する。すらすら読めるようにし，大意をつかめるようにする。算数・数学では，教科書をよく読み，解き方・考え方を考える。
③ 社会，理科は，教科書を通読し，どんなことを勉強するかについて見通しを立てる。
④ その他の教科は必要に応じてやればよい。

(4) 復習の役割

復習が大事だということは，忘却の研究で示されています。忘却については，後に4章4節でも述べますが，意味のないつづりを学習して，その忘却を調べたものによりますと，図4-5 に示すように，学習後1時間で約50％を忘れ，1日後には約60％，2日後には約70％を忘れているということです（エッビングハウス）。これは，意味のないつづりの忘却ですが，学習後1日，2日の間に，忘却の多くが起こることがわかります。

もちろん，意味のある内容を学習したときには，その忘却はずっとゆるやかになります。図4-6 は，原理（公式）・詩・散文・無意味なつづりの忘却の状態を比較したものです（ギルフォード）。原理は1か月たってもほとんど忘れていませんが，散文は，やはり学習直後に急速に忘れていることがわ

かります。

(5) 復習の時期と効果

いずれにしても，忘却は学習直後から起こることは事実です。したがって，復習は忘却の起こる1日，2日の間にすると効果があります。**図4-10**は，このことをよく示しています。これは，復習を学習後すぐにした場合，1日後にした場合，復習を全然しない場合の効果を比べたものです。復習を全然しない場合に比べると，1日後の復習でも効果がありますが，学習直後のほうが，一層効果があることがわかります（ロビンソン）。

このように，復習は，学習後になるべく早くするのがよいのですが，クラブ活動などでその日のうちに復習できないことがあるかも知れません。その場合には，少なくとも土曜日，日曜日に1週間の勉強の復習をすることが大事です。

(6) 復習の仕方

復習の効果を高めるためには，次の点に注意します。
① 復習は学習後なるべく早くする。
② 教科書と授業ノートで重要なところを確かめる。
③ 特に予習でわからなかったところ，授業でわからなかったところを勉強する。
④ 授業ノートを整理する。
⑤ 問題の練習をする。参考書や問題集の練習問題をやり，応用力をつける。
⑥ わからないところは印をつけておき，次の時間に先生に質問する。

(7) 宿題の生かし方

宿題は，主として家庭で学習するように教師が出す課題です。これは学校で学習したことの復習または予習と関連して課せられますが，教師は，次の

点をめざして宿題を出しています。
　① 学校で学んだ知識，技能を復習（反復練習）させ，定着させようとする。
　② 新しい教材について予習させ，学校での学習効果を高める。
　③ 学校で学んだ知識，技能を実際の生活で応用し，発展させる。
　④ 学校では勉強できないものを家庭などで学習させる（例えば，星や動植物の観察）。
　⑤ 自発的，自主的に学習するよい学習習慣を身につけさせる。

　宿題には，このようにいろいろのねらいがあります。したがって，これをできるだけ，きちんと行うことが大事であり，それにより，勉強の習慣もつくし，学力も向上します。

　宿題をきちんと行うためには，家庭学習の計画の中に組み入れ，計画的に行うようにすることが大切です。

■指導のポイント

1. 授業の意義・役割を理解し，それを生かすためにはどんな心構えが必要かを考えさせます。
2. 授業を上手に受けるために，どんな工夫をしているか考えさせます。
3. 授業中，質問したり答えたりするとき，どんな点に注意しているか考えさせます。
4. グループで学習したり討議したりするとき，どんな点に気をつけているかを考えさせます。
5. 予習・復習をきちんとしているか，どんな点に注意しているか考えさせます。

# 第2節 ノートのとり方・生かし方

1 ノートの効用

　ノートは，授業で講義を聞くときにも，家で勉強するときにも，調べものをするときにも欠かすことのできないものです。それで，だれでも，どうすればうまくノートがとれるか，どう利用すればよいかなどを考えます。確かに，ノートの活用は時間の節約にもなるし，学力の向上にも役立ちます。それは，次の理由によります。

　注意を集中する　　ノートをとろうと思うと，授業では教師の話に注意し，要点をまとめようとします。そこで，授業に熱が入ります。教科書を読みながら，要点をメモするときにも同じことがいえます。

　印象が強くなる　　大脳生理学では，筋肉を動かしたり，緊張させたりすると，その信号が大脳を刺激し，頭の働きを活発にするといいます。字を書きながら覚えると記憶がよくなるのはこのためです。

　記憶を確実にする　　授業のときにとったノートは，あとで復習し，記憶を確実にするのに役立ちます。復習のとき，ノートを見ると，どういうふうに聞き，どんな考え方をしていたかを思い出すことができます。特に，きちんと整理してあるノートは，試験の直前に頭を整理するのに役立ちます。

　このように，ノートのとり方1つで能率よく勉強できるので，ふだんからノートのとり方を工夫したいものです。

2　ノートの原則

　授業ノートでも整理ノートでも，上手に使うためには，次の原則に従うのがよいでしょう。

　教科別にする　　教科別にすると，毎日，多くのノートを学校にもって行かなければならないので，面倒くさがり，1冊のノートに，いろいろの教科を書き込む人がいます。しかし，これでは，あとで勉強するときまとめるのがたいへんです。ノートは，各教科ごとに1冊ずつ用意するのがよいでしょう。

　大型のノートを使う　　目的により，あるいは学年により，ノートの大きさは違いますが，授業ノートでは，大型ノートがよいでしょう。授業の内容を記録するだけでなく，予習・復習をしたときに，勉強したことを書き込むのにも便利です。

　表紙つきがよい　　ルーズリーフ式のノートは，ページを自由に抜き差しできる点が便利ですが，ノートがたくさんになったとき整理するのに困ったり，途中をなくしたりすることがあります。

　教科ごとに形式を統一する　　横書きか，縦書きか，見出しをどこにつけるかなどを，教科ごとに決めます。毎回，書き方が違うと，あとで困ります。

　余白を十分にとる　　小さい字を，ノートのすみからすみまでぎっしりと書き込むと，あとで書き加えることができません。各単元ごとにページを変えるとか，各ページの3分の2ぐらいずつ使い，あとはあけておくのがよいでしょう。

　単元名・学習月日なども記入する　　単元名とか章名だけでなく，学習月日や理科などの場合は実験場所，調査場所も記入します。そうすると，あとで見たとき，いつごろ，どこで，何を勉強したかがひと目でわかり，記憶や理解を高めることができます。

　要点を書く　　教師の説明はもちろん，参考書などで補充をする場合も，

そのまま写さないで，要点だけをまとめて書きます。これは，なかなか難しいことですが，努力しましょう。

重要事項に印をつける　授業ノートも整理ノートも，あとで重要事項に赤鉛筆などで線を引いたり，印をつけたりして目立つようにします。また，⑴⑵⑶……の番号をつけ加えるのも，まとめに役立ちます。

3　ノートの効果的なとり方

ノート，特に授業ノートの効果的な書き方，利用の仕方についての原則をあげてみます。この原則を守って練習すれば，ノートもうまく生かせるでしょう。

どんな勉強かを考える　授業の前に，どんな勉強をするかを考えることで，ノートをとる心構えができます。

ノートの準備をする　教師が授業を始めると同時にノートをとる準備をします。ノートの適切なページを開き，筆記用具を整えます。

よく聞く　ノートを正しくとるためには，まず教師の話をうまく聞き取ることが必要です。書くことに注意を集中すると，どうしても聞くことがおろそかになり，重要なことを聞き落とすことになります。そこで，聞く力をつけることが大事です。

要点を記録する　授業では，教師の言葉どおり全部書こうとしないで，要点をまとめて書くようにします。複雑な考えもできるだけ簡単に書くようにしましょう。ただの一語でさえ，本人には大きな意味をもち，それで十分なこともあるのです。

重要な点に対する手がかりを聞き取る　声の抑揚，トピックの文，タイトル，キーワード，アイデアの繰り返し，要約などを聞き取り，それを短い言葉で記録します。

自分の言葉で書く　ノートは速記ではありません。教師の話を一語ももらさず，しかも教師の言葉どおりに書く必要はないのです。不必要な言葉は

とばし，文法は気にしないことです。教師の言うことをろくに理解もしないで，ただ写しているだけでは，ノートの効果は半減します。

箇条書きにする　要点を書き表すといっても，ただだらだらと書き流したのでは，その要点がはっきり浮かんできません。最もよいのは箇条書きにすることです。(1)(2)(3)……の番号をつけたり，(ア)(イ)(ウ)……の記号で表したりして内容を区別していけば，頭の整理もきちんとでき，理解するにも記憶するにも便利です。もし，授業中に箇条書きにできなければ，休憩時間でも，あるいは家に帰ってからでもよいから，できるだけ整理してみることです。

図表で表す　記憶の仕方の1つに，図式的記憶というのがあります。これは図表・場所・順序などと結びつけ，それを手がかりにして覚えるやり方です。意味のないものをばらばらに覚えたり，長い文を丸暗記したりするよりも，図や表に書くと，ずっと早く覚えられます。また，文章に書かれているものを図表に表すことは，知識を整理するのにも役立ちます。

色分けしたり，下線を引く　記憶の原理に「鮮明の法則」といわれるものがあります。これは，刺激の強いものほど，すなわち，鮮明な印象を与えるものほど，よく記憶されるというのです。この主張は，確かに正しいといえます。目立つものほど記憶されることは，広告の場合にもよく見られます。刺激の強い色彩や光を使ったり，さらにネオンサインの文字や図案を動かしたり点滅させたりすると，それに注意が引かれ，印象に残りやすくなります。したがって，ノートをとるときにも，この原理を応用することです。つまり，大事だと思うところに印をつけたり，線を引いたりするとよいでしょう。しかし，あまり多く印をつけると，どれも同じようになり印象が弱くなるので，効果はなくなってしまいます。

余白をあけて補足する　ぎっしりと書き込んだノートは，たいへん充実しているように見えますが，あとで読み直したり，足りないところを書き加えるときに困ります。やはり，ノートをとるときには，むだと思うくらいゆっくり余白をとっておくことです。例えば，授業のノートでは，左のページは授業のとき使い，右のページは自分で予習したこと，復習のとき参考書で調

べたことなどを書き込むようにします。そのためには，大型のノートがよいでしょう。なお，ノートの整理や書き込みは，授業が終わったあと，できるだけ早くすることが大事です。できれば，ノートをとったその日のうちに行いましょう。というのは，記憶は，時間がたち，また新しいことを学ぶにつれて，急速に忘れていくからです。

　読める字を書く　　ノートは人に見せるものではなく，自分の勉強に役立てるものです。したがって，一字一字ていねいに書く必要はありませんし，家に帰って清書する必要もありません。極端にいえば，清書するのは，時間の浪費です。清書する時間があるなら，余白を補充し，ノートを充実するほうがよいでしょう。しかし，あまりなぐり書きしたり，いいかげんな字を書いたりすると，あとで自分で見ても，何を書いているかわからなくなります。それでは，せっかくのノートも役に立ちません。また，いいかげんな字を書く習慣がつくと，大事なときにもそのくせが出て，思わぬ不利をまねくことがあります。

　自分の弱点をチェックする　　自分のノートが勉強に役立つのは，自分の頭で整理してあると同時に，自分の理解しにくいところ，特に覚えておかなければならないところなどが示されているからです。したがって，ノートを整理するときには，自分の弱点を明示し，赤色で印をつけたり，下線を引いたりして，そこを目立たせるようにするとよいでしょう。

　ときどき復習する　　ノートがきれいにできると，それで安心し，あとは試験まで放っておく人がいます。しかし，それは誤りです。さきにも述べたように，せっかく学習したことも，時間がたち，新しいことを学習すると，だんだん忘れるものです。したがって，せっかく完全に作り上げたノートであるならば，試験まで放っておかずに，ときどき復習することが必要です。わずかなことで，ずっと成績が違ってくるのです。

　いままで，授業のノートを中心に，その活用の仕方について述べましたが，この原則は教科書や参考書を整理するときのノートにもあてはまります。

4　性格とノートのとり方

　ノートを上手にとるかどうかは，その人の能力や性格にも関係します。能力が低く，授業の内容が理解できなければ，ノートもうまくとれませんが，能力はあっても，性格によってノートのとり方も違ってきます。ここでは，性格による違いをあげてみます。

①　外向型の人

　いわゆる外向型の人は，陽気で細かいことは気にしないけれども，熱しやすく冷めやすい，落ちつきがないなどの特徴があります。このタイプの人のノートには，次の傾向が見られます。

　バラバラ型　　ノートには，ところどころ書いてあるだけで，前後のつながりがなく，ただ思いつきで書いたといったタイプです。

　落書き型　　授業に飽きてくると，教師の話もよく聞きませんが，ただじっとしているのもたいくつなので，ノートに落書きをする。気の向いたときだけノートをとり，気の向かないときには落書きをする，というものです。

　外向型の人は，教師の説明に注意を集中し，できるだけ正確に，少しでも多くノートをとるように努力することが大事です。

②　内向型の人

　いわゆる内向型の人は，内気で神経質で，何をするにも慎重で，細かいことにも注意が行き届きます。このタイプの人のノートには，次の傾向が見られます。

　何でも型　　何でもノートに書こうとします。先生の説明を一から十まで速記者のように書き取ろうとするのです。そのため，書くことに追われ，話の内容を理解するひまもなく，むだの多いノートになりがちです。

　がっちり型　　たいへんきちんとしたノートで，ページ数・学習月日までも書き，教師の説明も，要点だけをうまくまとめてあります。こういうノートは，復習のときたいへん役立ちます。

内向型の人は，ものごとを綿密にやり，きちょうめんなタイプです。そのため，教師の説明を何でも書かないと気がすまない「何でも型」やきちんとしたノートにまとめる「がっちり型」になるのです。

何でも型の人は，要点だけをノートにとるように指導し，本人も努力することが大事です。

5 ノートの評価

ノートの効果的な用い方について要点を述べましたが，教育心理学者ロビンソンは，ノートをとるときによく見られる誤りを**表3-3**のように示しています。これはノートのとり方の上手・下手を評価する目安になります。生徒が自分のノートのとり方を評価してみるのにも役立つでしょう。

表3-3　ノートをとるときの誤り（ロビンソン）

誤り	理由
◇一般的形式	
①筆跡が見にくい。	復習のとき読みにくい。
②ノートが小さすぎる。	初行を一字さげたり，体系づけることがむずかしい。
③ノートの数が多すぎる。各教科のノートがまざっている。ページがばらばら。	あとをたどりにくい。見失う。
④詳細すぎる。	ノートをとったり，読むとき，時間の浪費になる。
◇体系化あるいは形式	
①見出し不十分。	すばやく用いることが困難。
②行の書き出しふぞろい。同じ重みの内容が，ノートのはしからおなじ距離にない。	体系を見にくい。
③番号や強調の印をつけていない。	体系を見にくい。
④下位の題目が見出しと関係していない。	理解不十分。

◇表現	
①冗漫	ノートをとったり，読むときに時間を浪費する。
②意味を伝えていない。	復習のとき価値がない。
③重要な考えがおちている。	理解不十分。
④手掛かりになる単語が句の中に埋まっている。	見やすくするため，手がかりになる単語は最初に出す。
⑤自分の言葉で書かない。	自分のことばは理解を促し，いっそうよく伝える。
⑥節の終わらないうちに書く。	写す傾向があり，多く書きすぎる。

■指導のポイント

1. ノートはなぜ学習にとって大事かを考えさせます。
2. ノートをとるときどんな点に注意すべきかを考えさせます。
3. 自分はどんなノートのとり方をしているか，自分にはどんなとり方がよいかを考えさせます。
4. 自分のノートがよくとれているかを評価させます。

第3節 上手な本の読み方・文章の書き方

1 本の読み方

(1) 読解力への注目

　昔から，読み・書き・計算といわれているように，読むことは学習において大事な役割を果たしています。読解力を育成することは，教育の重要な目標になっています。

　この読解力には，文学的な文章を読んで味わう力や，論文や資料を正しく読み取る力などが含まれています。従来の国語科の教育では，とかく文学的な文章を読み，味わうことが重視されていました。ところが，平成16年に公表されたOECD学習到達度調査（PISA）で，わが国の生徒の読解力の低下が示され，にわかに読解力の向上が強調されるようになりました。

　しかも，この調査での読解力は，文章や資料，データを解釈し，論理的に思考できる力と考えられたところから，国語だけでなく，すべての教科や総合的な学習において，この力を育成することが重要な目標となったのです。すなわち，国語科教育でこれまで考えられていた「文章を読んで，その意味や内容を理解したり，自分の経験や心情を述べたりする力」だけでなく，「与えられた文章や資料に基づいて論理的に考える力」「書かれた文章や資料を理解し，利用し，熟考する力」の育成を重視するのです。具体的には，「テキストを理解・評価しながら読む力」を高め，「テキストの内容を要約し

て紹介したり，テキストに基づいて自分の考えを簡潔に書く力」を高めようとするのです。

(2) 読解と学習方略

読みの過程における方略については，すでにロビンソンのSQ3R法を示しました（1章2節，p.28）。さらにクックとメイヤーは，認知理論の立場から，「読みは，学習者の中に入ってくる情報を操作し，意味のあるものに変換（符号化）する過程であり，外からは観察できない内的な認知過程である」と主張し，これを①選択，②獲得，③構成，④統合の4つに分け，さらに各段階において用いられる方略についても説明しています（図3-3）。

認知過程	用いられる方略	
	読み手が用いる	テキストや教師が与える
①選択　読み手が，文章中の特定の情報に注意を集中させること。	下線を引く 逐語的にノートをとる 明暗をつける　など	教授目標の記述 事前の質問 鍵となる項目のイタリック体印刷 形式，文の間隔　など
②獲得　選択した情報を長期記憶に移す過程。作業記憶（短期記憶）が作用し，情報の特定の部分を記憶に蓄えること。	注意の仕方 読み方 反復読み	事後の質問 書くスタイル 興味の喚起
③構成　文章から獲得したアイデアの間に，内的結合を形成すること。選択されたいくつかのアイデアを，統一のとれた構造へ再体制化することも含む。	大要をまとめる 文章中のアイデアを比較する	推論を求める質問 大要について事前に概観を与える 文節ごとに大要を示す見出しをつける
④統合　関連のある既有の知識を明らかにし，新たに文章から獲得したアイデアとそれとの間に外的結合（既有知識と新しい知識の結合）を形成すること。	精緻化質問（有意味化や関係づけを求める質問） 精緻化ノートとり（関係のある情報をつけ加える）	先行オーガナイザー（学習に先立って与えられる包括的，抽象的概念） 具体的モデル

図3-3　読みの認知過程と用いられる読解方略（クックとメイヤー）

このように，読みの過程は4つに分けられ，それぞれを促進する方略が示されていますが，「選択」と「獲得」は，外からの情報を意識に取り入れ（認知），それを長期記憶に転送することを含み，「構成」と「統合」は，それらの情報を含んだ内的・外的結合を積極的に形成することを含んでいます。もちろん，覚えるために読むのか，内的・外的結合を形成するために読むのかによっても，読み方，すなわち読みの方略が違ってきます。

2 読み方のいろいろ

読みの過程と方略の原則について述べましたが，生徒の勉強では，特に教科書や参考書の読み方が大事でしょう。そこで，上手な読み方を考える前に，まずどんな読み方があるかをあげておきます。目的を考えて，最適な読み方をするように指導することが大事です。

(1) **声を出して読む**
① **朗読**　声を出してはっきり読む方法。国語や英語で読み違いや，アクセントの違いなどをはっきりさせるときに使います。
② **微音読**　小さな声で読む方法。初めての文章を読む練習のときに使います。また，暗記するときに使うと効果があります。
③ **黙読**　声を出さないで読む方法。内容を深く理解するときによく用います。

(2) **広く読む**
① **多読**　できるだけいろいろの本を読む方法。詳しく読むより，広く，たくさん読むことに重点をおきます。
② **精読**　詳しく読む読み方。同じものを繰り返し読み，一語一語に注意して読むところに特徴があります。文章の内容を理解し，味わうときに用います。

③ **摘読**　必要なところだけ抜き出して読む方法。参考書などで必要なところだけ読むのがこれです。

(3) **詳しく読む**
① **素読**　文章の内容の解釈はしないで，文字の読み方を練習したり，全体としてどんなことが書いてあるのか，大意を知るときに用います。
② **精読**　前に述べたように，文章の内容を詳しく調べるための読み方です。たいていは黙読で行います。
③ **味読**　文章を味わいながら読む方法。文章のどこがよいか，自分のためになったところはどこか，などを知るために読みます。朗読，微音読，黙読のいずれを用いてもよいでしょう。

(4) **目的・内容から**
① **重読書（教養的読書）**　　教養を身につけるための読書です。
② **軽読書（娯楽的読書）**　　マンガ，週刊誌など，その場かぎりを楽しむ読書です。

3　効果的な読み方

(1) **文章を調べる読み方**
本の読み方について形式をあげましたが，いずれの場合にも，文章が読めなかったり，その内容を正しく理解できなかったりしては論文の筋道をとらえることも，文学作品を味わうこともできません。そこで，次に，文章を調べるときには，どんな順序を踏むのがよいかを考えてみます。これは，国語の教科書を読むときの順序と同じです。
① **素読をする**　　微音読で，一，二度読み，全体として何が書いてあるかを大ざっぱにつかみます。
② **読めない字を調べる**　　読めない漢字や意味のわからない言葉があれ

ば，辞書を引いて調べます。調べた漢字などはノートに書きます。

　③　**大意をつかむ**　　さらに，2，3回読んで，大意をつかみます。その際，次の点に気をつけることです。

- 何について書いてあるか。作者は何を言おうとしているのか。
- だれのことを書いているのか。
- どんなことをしたと書いているのか。
- どこであったことか。
- いつのことを書いているのか。
- いちばん大切なことは何か。

大意がつかめたら，それをノートに書きます。

　④　**段落を調べる**　　全文がいくつに分けられるか，それぞれの段落（パラグラフ）には何が書いてあるのかを調べます。その際，次の点を手がかりにするとよいでしょう。

- 行が変わったところで分けてみる。行を変えるときには，一字分下げて書き出してある。
- 内容の上から，ひとまとまりになるところで分けてみる。行が変わっていても，作者の考えが同じところ，同じことについて書いてあるものは，1つの段落とする。

　⑤　**内容を細かく調べる**　　各段落ごとに，何が書いてあるかを細かく調べます。文の構造や語法についても調べ，さらに作者の考えについてもまとめるようにします。

　⑥　**文を味わう**　　最後に，次のような点から，文章を味わうようにします。

- この文章の優れているところはどこか。着想や展開でよいところ，表現のよいところはどこか。
- 新しくわかったところはどこか。
- 自分のためになったところはどこか。
- 自分のわからないところはどこか。
- 作者の考え方と自分の考え方と同じところ，違うところはどこか。

文章を調べるときには，作者や登場人物の気持ちになって読むことが必要です。また，作者や登場人物とは別な立場に立って読む方法もあります。

(2) 内容を正しく理解する読み方
　論文，報告文，観察記録文など，内容を正しく理解することが中心となる文章を読むときには，次の点に注意します。
　① **文章の性質を知る**　解説文であるか，議論を中心とした文章であるか，報告文であるか，観察記録文であるかを考えます。
　② **大意をつかむ**　ひととおり読んで，あらすじをつかみ，作者が何を言おうとしているのかをつかみます。
　③ **筋道を調べる**　議論の進め方，説明の順序，結論の出し方が正しいかどうかを調べます。
　④ **書き方を理解する**　論文の書き方，言葉づかいなどを理解します。
　⑤ **自分の考えをまとめる**　正しいと思うこと，間違っていると思うこと，自分がわからなかったことをまとめます。

(3) 内容を味わう読み方
　文章のよさを味わうことが主になる場合で，小説や随筆，短歌や詩を読むような場合です。もちろん，どんな場合にも内容を正しく理解し，そのよさを味わわなくてはなりませんが，ここでは主として内容を味わうことが中心になります。この場合には，次の点に注意して読むのがよいでしょう。
　① **全体の組み立て（筋）を知る**　時代・場所・人物・事件などについて，その組み立てを読み取ります。
　② **ねらい（テーマ）を読みとる**　小説や物語で，作者はどんなことを言い表そうとしているのかを正しく読み取ります。
　③ **人物の性格をつかむ**　小説や物語に出てくる主人公やその他の人物の性格を読み取ります。
　④ **場所・季節・時間などを知る**　小説であれば，いつの時代か，場所

はどこか，季節はいつかといったことを知るようにします。

　⑤　**文章のよさ，表現の仕方を知る**　筋のはこび方やおもしろさを知ることはもちろんですが，さらに文章の表し方のよい点も味わうようにします。むだな表現をしないで，しかも大事な点をどのように表しているのかを読み取ります。

　⑥　**作者を知る**　作者についても理解し，よい作者のよい作品を読むように努めます。

　⑦　**読後感を書く**　読み終わったら，自分の感じを率直に書きます。

4　読む技能の学習

　読む場合，いずれの読み方においても，基礎的な読む技能を学習していることが必要です。レーヒィらは，読む技能がどんな技能を含んでいるかを次のように示しています。したがって，読む力を伸ばすためには，これらの基礎を身につけることが必要です。

　①　**読みに先行する技能**
　　・文字の弁別（視覚的）
　　・文字の発音の弁別（聴覚的）
　　・文字の名前
　　・眼の運動（左から右へ，上から下へ）

　②　**口頭での読み**
　　・単語の読み
　　・句，文章，節など単語の系列の読み
　　・適切な抑揚と区切りを入れての読み
　　・適切な速さでの読み

　③　**理解（音読あるいは黙読する題材について）**
　　・1つの単語の意味を述べること
　　・単語で示されたものを指示すること

- 節を言い換えること
- 節で示された指示に従うこと

5 ノートの生かし方

　教科書や参考書を読んでいるときに，その要点を書いたり，問題点を書き出したりします。本を読むときにノートをとることは，学習者の理解を深め，記憶を確実にすると考えられていますが，ノートをとる機能としては，次の点があげられています。

① 　読み手の注意をテキストの特定の情報に向け，他の情報から注意をそらす（しかし，ノートをとるために用いる注意と時間のために，文章の中の情報に向ける注意の量が制限され，読む時間が少なくなるということもある）。

② 　情報を逐語的に記憶するようにしむける。

③ 　読み手にまとまりのあるあらましを形成させる。

④ 　提示された情報を既有の知識と結びつけ，まとめるのに役立つ。

　このように，本を読むときにノートをとることには，よい面と悪い面とありますが，よい面を生かすノートのとり方について訓練することが大事です。例えば，ある研究では，中・高校生に次の要素を含んだ訓練を行い，その効果を認めています（キャリヤーら）。

① 　上位の情報と下位の情報を区別すること

② 　言葉を略して書くこと

③ 　自分自身の言葉で書き換えること

④ 　大要を書く書き方を用いること

6 文章の上手な書き方

(1) 文章による表現

自分の考えを他の人に伝えるためには，一般に次の方法を用います。

話す――口で伝える。

書く――文章で伝える。絵にかいて伝える。

身ぶり――手ぶり，身ぶりなどの動作で伝える。

この中で，最もよく用いられるのが「話す」「書く」でしょう。特に，話すことは最も簡単ですが，普通は，そのまわりにいる人だけで，遠くの人に伝えることはできません。それに対して書くことは，話すことよりも面倒ではありますが，遠くの人に伝えることも，あとに残すこともできます。そこで，自分の考えを上手に書くことは，私たちの生活にとってたいへん重要であるといえます。

(2) 書くときの条件

まず，文章を書くときの条件をあげてみます。

① **目的にそった書き方をすること**　文章を書くといっても，その目的は，次のようにいろいろです。

　実用文　日常生活に必要なもので，手紙，日記（生活日記，学級日記，読書日記，観察日記，飼育日記など），広告・宣伝，電報などで書く文章。

　研究を主とした文章　研究報告・観察報告などで書く文章。

　芸術や娯楽のための文章　小説・詩歌・童話・脚本などで書く文章。

② **簡潔に書くこと**　いずれの場合にも，だらだら書かないようにします。自分の考えをできるだけ簡潔な文章で書くことを心がけます。

③ **正しい文を書くこと**　誤字や脱字のない文，主語や述語のはっきりした文を書くようにします。

(3) 書く順序

作文は，次の順序で書くとよいでしょう。

① **題材を見つける**　何について書くかを決めます。その領域，内容を決めるのです。

② **題を決める**　題材が決まったら，中心になる題目（テーマ）を決めます。自由作文で「題が見つからない」という場合には，気張らず，かざらず，身近な内容を表すものを選ぶようにするとよいでしょう。

③ **文の組み立てを考える**　主題について，何を，どのような順序で書くか，要点を記録します。つまり，次の点に注意します。
- 何について書くか，中心点をはっきり決める。
- どんな順序で書くかを決める。
- どこをくわしく書くかを決める。
- 言い表し方も考える。

文の組み立てを考えるときには，「いつ」「どこで」「だれが」「どうした」「あとはどうなったか」を考え，さらに「自分はどう思うか」「どう感じたか」までを考えるようにします。

④ **下書きする**　計画が立ったら，それに従ってどんどん書いてみます。考えてばかりいないで，とにかく書き始めるのです。書いているうちに自分の考えもまとまるし，よい考えも浮かんでくるものです。あまり難しい言葉を使おうと考えないようにすることも大切です。

⑤ **見直す**　下書きができたら，読みかえし，足りないところを補ったり，不必要なところを削ったりします。仮名づかい，誤字・脱字の有無，文法的な誤り，句読点などについて検討します。

⑥ **清書する**　きれいに清書します。

(4) 書く力の分析

自分の思っていること，考えていることを上手に書き表すことができたかどうかを自己評価することは，表現力を高めるうえでも大事です。自分の書いたものを，次の点から分析してみてはどうでしょうか。

① 読みやすさ
② 綴りのまちがい
③ 文法のまちがい

④ 句読点のまちがい
⑤ 文章構造のまちがい
⑥ 符号（カッコなど）のまちがい
⑦ 体裁（用紙の使い方）
⑧ 長さ
⑨ 参考書の用い方
⑩ 見出しのつけ方
⑪ 考え方の展開のしかた
⑫ 段落の切り方
⑬ まとめ方

(5) 書く力の伸ばし方

自分の文章表現の問題点がわかったら，次のようにします。
① 自分がよく間違える文法的な誤りを勉強する。間違えたところは必ず正しい形に直してみる。
② 自分が書いたものを読み返し，間違いやすい点を調べ，間違いを直す。
③ 教師が間違いを指摘してくれた場合には，すすんでそれを直す。
④ 文章を書くときは，いつも正しい形式を用いるように努力する。
⑤ 疑わしいときには，辞書や参考書で調べる。
⑥ 漢字で書けないもの，間違えるものは，それを必ず書いて覚える。

なお，報告文や感想文を書くとき，見出しのつけ方，引用の仕方などがわからないときには，教科書や参考書など，手近な本を見て参考にするとよいでしょう。

■指導のポイント

1. 本は，何のために，どのように読むのがよいか考えさせます。
2. 教科書を読むとき，どんな方略を用いればよいか考えさせます。
3. 読む力をつけるにはどうすべきかを考えさせます。

4. 文章を書くとき，どんな順序で書くのがよいかを考えさせます。
5. 書いたものは，どんな観点から評価するかを考えさせ，自分の書いた文章を自己評価させてみましょう。

第4節 テストの生かし方

1 テストの効用

　学校では，生徒が指導目標に到達したかどうかを調べるために学力試験を行い，生徒の指導に役立てようとしますが，生徒の立場からは，次の影響を受けます。
① 「試験をする」といわれると，学習しようという気になる。
② 試験を受けることによって，自分がどのくらい知識・理解，技能を習得できたかを確かめることができる。
③ 答案を書くには，いままで勉強したことを思い出さなければならない。あるいは考えて解かねばならない。そうすることは，もう1回勉強することになる。
④ 答案が返されたとき，自分の学力について長所・短所を知ることができ，やる気も出て，その後の学習に役立つ。
　もちろん，試験には不安や緊張を引き起こすといった消極的な面もありますが，自分の力だめしのつもりで，積極的に取り組むようにすることが大事です。

2 テストの準備

　定期試験のように，時期も範囲も決まっている場合には，早めに準備することが大事です。その際，だれでも，「ここが出そうだ」「ここが大事だ」とやまをかけるものです。やまをかけるのは，学習のねらいをつけることで，励みにもなります。しかし，いいかげんのやまかけだと，「やまが外れた」とがっかりすることになります。

　出題された問題には，どれも出題される理由があります。教師は，授業で，その教科で大事な内容を理解させ，学力を身につけさせようとします。そして，テストでは「大事なところを，どのくらい理解しているか」「どのように考えているか」「どの程度力がついたか」をみようとします。つまり，定期試験であれば，それまでに学習した大事なことについて，どの程度勉強したかを調べようとするのです。

　したがって，やまをかけるにしても，方法があるということです。やまをかけるには，まずそれまでに勉強したことについてよく復習し，理解しておくことが大事です。その上で，次の点に注意してやまをかけるようにします。

① 授業のとき，教師が時間を多くかけたところはどこか。
② 教師がくわしく説明し，ノートも多いところはどこか。
③ 教師が授業中に，「ここは大事だ」といったところはどこか。
④ 教師が宿題を出したところはどこか。
⑤ 教科書の単元の初めにある「ねらい」とか，終わりにある「まとめ」や「練習問題」で取り上げているところ，文中で太字で書いてあるところはどこか。
⑥ 参考書や問題集で「重要」とか「ここを覚えよ」と書いてあるところはどこか。

　このような角度から，もう一度復習してみれば，きっと「ここが大事だ」というところがはっきり浮かんでくるでしょう。それが「やま」です。もう

ひとつ自分にわかりにくいところは，他人にもわかりにくいので，そこも関所だと考えるとよいでしょう。

3 テストの形式

試験では，だれにも「時間が足りなかった」「わかっていたけれども時間内に書ききれなかった」とか，「問題をとりちがえた」「うっかり間違えた」とかいった，苦い経験があるでしょう。これはテストの受け方の上手・下手，時間の使い方の上手・下手によるものです。

テストを上手に受けるには，テストの形式に応じて，その答え方を工夫することです。筆記試験の形式には，文章式テスト（論文体テスト）と客観的テストという分け方があります。これをさらに詳しく分けると，**表3-4** のようになります。以下，これについて簡単に説明しておきましょう。

表3-4　筆記試験の形式

```
                    学力テスト
                   ／        ＼
          文章式テスト        客観的テスト
          （記述式）         ／        ＼
          （再生法）    記述式            ○×式
                      （再生法）         （再認法）
                      ／    ＼         ／  ｜  ＼
                    訂正法  完成法   真偽法 多肢選択法 組み合わせ法 配列法 客観的問題場面テスト
                          単純再生法
```

注：再生法は，記憶したものを一定時間後に思い出させる方法。
再認法は，記憶したものと記憶しないものとをまぜて提示し，記憶したものを見分けさせる方法。
再認法のほうがやさしく，得点が高くなる。

(1) 文章式テスト（論文体テスト）

これは，答えを文章で書く学力テストです。

学力を筆記試験で調べようとするとき，昔は，「～について述べよ」「～を説明せよ」といった大きな問題が数問出され，受験者は，答えを文章で長々と書いたものです。

このテストの形式だと，説明したりまとめたりする力も調べられるし，考え方もわかります。ところが，問題数が制限されるので，出題の範囲も狭くなるし，採点も，採点する人によって，あるいは採点の時期によっても，違ってくるという欠点があります。例えば，歴史のテストで，人名が漢字で書けた人と書けない人で得点が違うのか，誤字・脱字があったとき減点するのか。このようなことが問題になり，文章式テストにかわるよいテスト形式として，次に述べる客観的テストが工夫されたのです。

(2) 客観的テスト

客観的テストは，だれが採点しても，また同一の人が何か月後に採点しても，その結果が同じになることをめざしています。このねらいを果たすために，受験者があまり文字を書かなくてすむ次のような形式が工夫されたのです。これらの形式は，特に客観性・公平性を重視する入学試験でよく用いられるようになりました。

単純再生法（簡易再生法）　　簡単に答えを書く形式。

（例）キリスト教がわが国に伝わったのは何年か。

完成法　　空欄を埋める形式。

（例）水は〔　　　〕と〔　　　〕とからなる。

訂正法　　誤りを訂正する形式。誤りのある文章や図表，式を与えて，その誤りを訂正させます。

真偽法　　与えられた表現が正しければ○，違っていれば×をつける形式。二者択一法ともいわれます。

多肢選択法　　多くの答えの中から1つの正答を選ぶ形式。

（例）日本へキリスト教が伝来したのは，

　　　ア．1500年　イ．1549年　ウ．1555年　エ．1560年　である。

組み合わせ法　　一定の関係をもつものを結びつける形式。

（例）次の作者と作品で関係のあるものを結びつけよ。

　　　　清少納言　　　徒然草
　　　　吉田兼好　　　源氏物語
　　　　紫式部　　　　枕草子
　　　　　　　　　　　万葉集

配列法　順序をくずしてあるものを正しい順序に並べかえる形式。

（例）「知能検査，を，知能，は，調べる」を正しい順序に並べよ。

客観的問題場面テスト　　問題場面テストは各種資料を用いて，受験者がいままで出合ったことのないような新しい問題場面を作り，それから判断させようとするものです。これだと客観的テストで欠けているといわれる推理, 批判，概括，分析などの思考力をみることができるといわれています。なお，出題の際に客観的テスト形式を用いるか，論文体テスト形式を用いるかによって客観的問題場面テストと論文体場面テストに分かれます。

(3) その他の形式

　テストには，いま述べた筆記試験のほかに口頭試問（口述試験），実技試験，パフォーマンス・アセスメント，ポートフォリオ・アセスメントなどの形式があります。

　口頭試問は，教師が口頭で質問し，子どもが口頭で答える試験の方法です。日常の授業では，これにより子どもの理解の程度を知り，直ちに指導の調整ができるし，誤りの訂正もできます。試験に用いるときには，質問の事項をあらかじめ用意し，質問は簡潔，明瞭にします。子どもが質問の意味を理解できないときには言い換え，答えをせかさず，子どもに過度の緊張を起こさせないようにします。

　実技試験は，実技，例えば体育や音楽の技能を調べる試験です。主観的評

価になりやすいので，評価の観点，基準を明確にしておくことが大事です。

　パフォーマンス・アセスメントは，ペーパー・テストでは測り得ない実践的学力を調べるため，実際の場面で，どの程度その知識と技能を用いることができるかを，作業あるいは動作による課題を用いて調べるテストです。すなわち，何を知っているかだけでなく，何ができるかを調べようとするものです。

　ポートフォリオ・アセスメントは，学習過程における子どものレポートや作品など具体的な成果を保存し，子どもが自分の学習を振り返ることができるようにした評価です。進歩の状況をみることもできるし，子どもの自己評価活動を促す長所もありますが，教師の主観的解釈や価値観が影響しやすい点が問題です。指導には役立ちますが，選抜資料として用いるには，妥当性・信頼性が問題になります。

4　テストの答え方

　以上のように，筆記テストの形式には客観式と文章式とあります。よい成績をとるためには，このテストの形式に応じて要領よく答え，力をうまく表わすことが大事です。

(1)　**客観的テストの答え方**
客観的テストの答え方の注意点を以下にあげてみます。
①　こまかい問題がたくさんあるから，見落とさないようにする。
②　やさしいと思うものから記入する。
③　1つの問いに対し，いくつかの答えの中から正答を1つ選ぶときには，まず最も正しくないと思うものを取り除き，残りのものについて考える。
④　どんな場合にも，でたらめに○×をつけない。よく理由を考えて答える。

⑤　きめられた記号で，きめられたところに書く。ア，イ，ウとか，1，2，3の記号でカッコ内に書きこませるとき，人によっては字句そのままを書くことがある。これは不注意からくる誤りである。

(2) 記述式テストの答え方

　いっぽう記述式では，自分で答えを作り出し，答えの書き方を考え，語句や文章で書かなければなりません。したがって，次の注意が必要です。

　① **質問の意味をはっきりさせる**　答えを書き始める前に，質問を注意深く読み，その意味をはっきりさせます。「産業革命について説明せよ」というときにも，まず，どの範囲まで要求されているかを考えてみます。特に，次のような要求の言葉の意味に注意する必要があります。

　「分析せよ」—重要な特徴を示すように批判的に吟味する。

　「比較せよ」—2つあるいはそれ以上の事柄の間の類似点，差異点を示す。

　「対照せよ」—2つ以上の事柄の違いを示す。

　「定義せよ」—はっきりとした，しかも正確な意味を述べる。

　「詳述せよ」—あるテーマあるいは考え方を一層詳細に述べる。

　「評価せよ」—積極的な面と消極的な面の両方を示しながら，注意深くよしあしを判断する。

　「説明せよ」—ある問題あるいは理論のこまかい点を明らかにし，解釈する。

　「例証せよ」—例などをあげて説明したり，明らかにしたりする。

　「あらましを述べよ」—いろいろな事実を，その関係を示すために，見出し，小見出しのもとに整理し，系統だてて述べる。

　「要約せよ」—文章や話の要点（大切なところ）を短くまとめる。

　② **答えは内容・順序をメモする**　質問の意味がわかっても，すぐ答えを書かないで，何を，どの順序に書くかを欄外にメモします。「原因—出来事—結果—影響」などと簡単にメモしておけば，重要な点を落とさずにすみます。また，自分の考えをまとめるのにも役立ちます。一応書いてから，

「あそこも落とした」「ここももう少し」というように書き足すようでは，よい答案は作れません。

　③　**時間の割り振りをする**　　各問題に同じ時間を割り当てる必要はありません。出題者も，問題によって重味を変えています。その目安としては，答えを書く余白の大小も参考になるでしょう。時間の割り当てをしておかないと，1つの問題にあまり多くの時間をかけ，最後の問題に時間が足りなくなったりすることがあります。○×式に比べて，この点は特に注意しなくてはならないでしょう。

　④　**綴りや文法に注意する**　　答えを書くときには，できるだけ完全な文章を書くようにします。1つの文章が長過ぎても読みにくいし，短か過ぎても意味がとりにくくなります。誤字や脱字のないようにし，句読点もはっきりうつようにしましょう。記述式では書くことが基本になります。

　⑤　**要点を中心に書く**　　質問の要求する点について，要点を書きます。自分の知っている知識を全部書く必要はありません。なかには，何か書いておけば，どこかあたるだろうと考える人もいますが，それは間違いです。だらだらと答えを書いたのでは，採点者も答案をみるのがいやになります。これを避けるためには，数字で番号をつけたり，行を変えたりして見やすくすることが必要です。

　⑥　**あとで必ず読み返す**　　答案提出の前に時間のあるかぎり読み返し，誤字・脱字はないか，うっかり書き落としたところはないかを検討します。

5　テストと学習法

　筆記テストの形式には，前述のように文章式テストと客観的テストとありますが，このようなテストの形式に対する予想とか期待が実際の成績に影響することが示されています。

■テスト形式の予告の効果

アメリカのある学者は，大学生の4つのグループに，「試験をこの形式で行う」といって次のようなそれぞれ異なる出題の形式を予告し，そのあとで同じ教材を同じ時間学習させました（マイヤー）。

グループ1―正しいものには〇，間違っているものには×をつける形式（真偽法）

グループ2―たくさんの答えの中から正答を1つ選ばせる形式（多肢選択法）

グループ3―空欄を埋めさせる形式（完成法）

グループ4―文章で答える形式（文章式試験法）

そして，一定期間の学習が終わったあとで，どのグループにも，前述の4つの形式を含む同じ試験をしたところ，結果は**表 3-5**のようになりました。

表3-5　テスト形式の予告の影響（マイヤー）

グループ	予告したテスト	実際に受けたテストと得点			
		正否を決める	正答を1つ選ぶ	空欄を埋める	文章で書く
1	正否を決める	67.81	63.79	52.57	51.22
2	正答を1つ選ぶ	66.26	62.82	50.92	42.86
3	空欄を埋める	71.61	67.76	57.40	55.61
4	文章で書く	71.23	68.83	60.40	62.34

この結果をみると，「文章で書く」「空欄を埋める」形式のテストを予想して勉強したグループのほうが，「正否を決める」「正答を1つ選ぶ」形式のテストを予想して勉強したグループよりも，どのテストでも成績がよくなっています。

つまり，勉強したことを，あとで確実に思い出さなければならないといった気持ちで勉強するときのほうが，確実に覚えなくてもよいといった気持ちで勉強したときよりも，成績がよくなるというのです。

6 テスト結果の活用

　答案が返されたとき，生徒はどうするでしょうか。たいていの人は，点数だけ見て，「できた」とか「できなかった」といって喜んだり，悲しんだりするだけで，どこを，どのように間違えたかまで調べないのではないでしょうか。

　しかし，それでは間違いを直し，新しい力をつけることはできません。どこを，どのように間違えたかを調べることにより，自分の学力についての長所・短所を知ることができます。そして，これによって，今後の学習の仕方もわかり，意欲もわいてくるのです。

　これについては，次の研究が実証しています。この研究では，高1，高2の生徒250人を125人ずつの2グループに分け，製本の歴史についての教材を15分間学習させました。その後，その内容について30項目の多肢選択テストを課しました（第一テスト）。さらに，テスト後，1つのグループには訂正した答案用紙を見せ，5分間調べさせました。しかし，他のグループには，それをさせませんでした。6日後に，予告なしに，両グループに同じ内容について他のテストをしたところ（第二テスト），第一テストの正答を調べる機会をもったグループのほうが，その機会をもたなかったグループよりも，明らかに第二テストの成績が優れていたのです（プラウマンとストラウド）。

7 テスト不安の解消

　これまで，試験の役割，生かし方について述べましたが，試験には不安とか恐怖が伴うものです。これは年長になるほど強くなります。自分が評価され，成績がよくないこと，あるいは他の人より劣ることを人に知られることは，たいへん不快な経験となります。それは，自尊，尊敬，安定などに対す

る基本的欲求を妨げることになるからです。そこで，試験が行われるたびに情緒的緊張が起こります。最高の得点をとる生徒でさえ，すべての試験でよい成績をとれるとは確信できないので，試験といえば，不安，緊張を経験することになるのです。

　このように，試験には不安が伴いますが，これは「テスト不安」といわれています。試験が目前にせまると，だれでも多少不安になるものです。

　しかし，多少の不安は，心を緊張させ，かえってプラスになり得ます。ただ，浮き足だってあせってはだめです。失敗したときのことを気にしないで，予定の勉強に力をいれることが大事です。

8　あがらない工夫

　試験のとき，ボーッとあがってしまい，自分の考えがまとまらないことがあります。これでは，ふだんの実力が出せません。あがらないための工夫をいくつかあげてみます。自分に適した方法をためしてみるように，生徒に指導してみてください。

　① **自信をもつ**　　もう十分勉強したという自信をもつことです。ふだんあれだけ勉強しているから，できなくても仕方がないと考えれば，気持ちが落ちつくものです。

　② **「自分はあがる」と考えない**　　「あがると困る」とか，「あがったらどうしよう」などと考えないようにします。むしろ，少しぐらいあがったときのほうが成績がよくなると考えるのです。

　③ **失敗したときのことを考えない**　　「失敗したら，どうしよう」などと先のことを考えないようにします。

　④ **まわりの人を気にしない**　　特に入学試験のとき，試験場で大勢の受験生を見ると，みんな秀才に見え，不安になります。しかし，受験生はみなそう思っているのです。「ドングリのせいくらべだ」と思えば，気が楽になります。

⑤ **試験になれる**　入学試験の前に，大勢の中で模擬試験を受け，雰囲気になれておくと，本番のときあがらなくなります。

⑥ **自己暗示をかける**　「自分はあがらない」という自己暗示をかけることによってあがることを防ぐことができます。これを体系づけた方法は自律訓練法といわれ，カウンセリングで用いられています。学校にスクール・カウンセラーがいれば，相談してみるとよいでしょう。

■指導のポイント

1. テストの役割を理解し，真剣にテストに取り組むように指導します。
2. テストにはどんな形式があるかを理解し，自分の実力を出せるように努力させます。
3. テストを受けるとき，注意すべき点を考えさせます。
4. テストの結果を次の勉強に生かすように指導します。
5. テスト不安を少なくするには，どんな工夫をしているかを考えさせます。
6. テストであがらない工夫をしているかを考えさせます。

第4章

能力の伸ばし方

第1節　頭の働きの活性化
第2節　注意力を伸ばす
第3節　観察力を伸ばす
第4節　記憶力を伸ばす
第5節　思考力を伸ばす
第6節　創造力を伸ばす
第7節　技能を伸ばす
第8節　応用力をつける

第1節 頭の働きの活性化

1 知能とは——学習する能力

　「あの生徒は頭がよいから勉強ができる」とか，「自分は頭が悪いから学校の成績がよくない」などとよくいわれますが，頭のよしあしは，知能の程度として表されます。この知能についてはいろいろの定義がありますが，一般には新しい問題や環境に思考を働かせてうまく適応する力で，学習する能力と考えられています。そして，このような力は，ものをよく見分ける力，比べる力，覚える力，考える力，数や言葉を理解する力などを含むと考え，これを測定するために知能検査（学業適性検査）が考案されました。

　学習指導では，子どもがいかなる知能をもっているかを，この検査によって調べ，その能力に応じた指導をしようとします。

　もちろん，近年，この知能の概念を広げる考え方も現れています。例えば，ガードナーは，**表4-1**のように8つの知能をあげています（多重知能理論）。

　今日の知能検査は，一般に，この中の論理的・数学的知能と言語的知能を測定しているので，その結果は知的教科の成績との相関は高いのですが，技能的教科の成績との相関は必ずしも高くありません。

　また，知能のよしあしは，かつては遺伝によって決まると考え，知能検査は，この生得的能力としての知能を測定すると考えられました。特に，1920年代までは，その傾向が見られました。しかし，その後の研究から，

表4-1 多重知能（ガードナー）

知能	中心となる要素	最後の状態
①論理的・数学的	数学的記号を理解し，論理的に処理する能力	科学者・数学者
②言語的	言語を理解し，記憶し，用いる能力	詩人，ジャーナリスト
③音楽的	音のリズム・ピッチ・音色を知覚し，理解し，産出し，鑑賞する能力	作曲家，バイオリン奏者
④博物学者的	動植物のような自然物に対する感受性と感覚的に弁別する能力	博物学者，植物学者，狩りをする人
⑤空間的	対象の位置関係や動きなどを知覚し，行動する能力	航海者，彫刻家
⑥身体的・筋肉的	自分の身体の動きを統制し，対象を巧みに扱う能力	ダンサー，スポーツ選手
⑦個人間（社会的）	他の人の気分，気質，意欲，願望などを適切に見分け，反応する能力	セラピスト，セールスする人
⑧個人内	自分自身を理解し，うまく統制する能力	正確に自己を理解する人

　知能は遺伝と環境の相互作用によって発達するものであり，現在の知能検査で測定できるのは，遺伝と環境の相互作用によって合成された知的能力，学習の可能性としての能力であり，学習の基礎能力と考えられています。

　しかし，それでもなお，知能および知能検査についての伝統的な考え方は一種の信仰のようになり，知能検査の使用をいやがる傾向がありますが，学力の向上をめざすならば，この信仰から抜け出し，知能検査を正しく活用し，各生徒の知能の特徴（タイプ）や水準を理解し，知能を十分に生かすように指導することが大事です。

2 大脳の発育をよくする

ところで，知能の働きは，大脳の働きによります。したがって，頭の働きをよくするためには，大脳の発育を促進すると同時に，その働きを活発にすることが必要です。この点については，今日，大脳生理学や脳科学で研究され，その成果は学習能率の向上にも大いに参考になります。ここでは，その要点をあげておきましょう。

(1) 栄養を十分にとる

大脳の発育をよくするためには，よくいわれているように，でんぷん，ぶどう糖のような炭水化物をとり，大脳の働きをよくするためには，肉や卵などたん白質の多いものや，野菜類，豆類，牛乳などビタミン類を含んだ食物をとることが必要です。頭を働かせるためには，この点に気をつけ，食事をきちんととることが大事です。最近の文部科学省の調査（平成15年度）でも，「学校に行く前に朝食をとる」習慣のある生徒ほど，英語の成績がよいことが示されています（図4-1）。

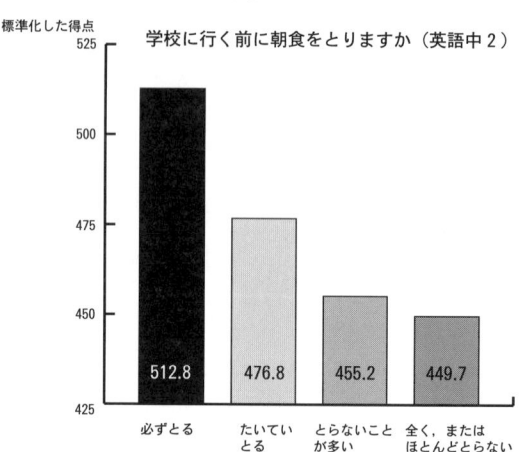

図4-1　朝食と学力（文部科学省，平成15年度）

(2) 頭を鍛える

　大脳の発育は，脳細胞相互の樹状突起のからみ合いの増加により，このからみ合いは，子どもの育つ環境と大脳を働かせることによって増加するといわれています。そこで，環境をよくすることは当然必要ですが，他方で大脳を使い，これを鍛えることも大事です。「頭は使うほどよくなる」というのも，このことを表しています。かつて，大脳生理学者の時実利彦博士は，次のようにいっています。

　「学校へ行ったり，仕事をしている日には，頭を十分なほど使っているからよいが，問題は長い休暇や日曜日などの休みの日だ。一週間に一日の休みだからといって，一日中ぶらぶらするのはよくない。一時間でも二時間でもよいから，勉強するように習慣づけることが必要である。また，休暇は身体を鍛えるためにあるのだからといって遊んでばかりいてはいけない。宿題はまとめてやればよいという了見は，もってのほかだ。やはり，一日一日に割り当てて，毎日頭を使うように工夫すべきである」（重田定正他）。

　これは，一日一日の積み重ねが頭の働きをよくするのに大事だということを示しています。現在は週2日の休みが一般的になっており，一層，生活の仕方を工夫することが大事です。

3 頭の働かせ方

(1) リズムを考える

　大脳も用い方，働かせ方によって能率が違います。一日の能率を考えてみても，一週間の能率を考えてみても変化があります。時間を活用し，能率を上げるためには，時期を選ぶことです。古い研究ですが，アメリカの学者ゲーツは，大学生165人について，記憶を中心とする精神作業（耳からの記憶，目からの記憶，論理的記憶など）の能率の変化を，午前8時から午後5時までにわたって研究しています。午前8時の成績を100とし，他の時期の能

率は，それに対する割合で表しています。結果は**図4-2**のようで，午前10時まで能率が上昇し，午後1時に最も悪くなり，午後3時ごろに再び上昇しています。個人差もあり，作業や季節の違いもあるでしょうが，このようなリズムを念頭におくことは必要です。

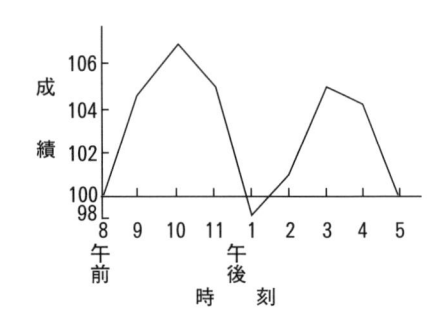

図4-2　一日の能率の変化（ゲーツ）

(2) 朝か夜か

人によっては，夕方眠って夜遅くまで勉強するほうが能率が上がるという人もいます。しかし，ほんとうに，夜の作業は能率が上がるのでしょうか。直接，勉強について研究したものではありませんが，かつて大島正光博士は労働科学の研究で，一日3交替制の工場で働いている人について，働く時間別に作業の能率と疲れの度合いの変化を比較しました。その結果は，**図4-3**で明らかなように，作業の能率も疲れの度合いも，深夜から明け方までの組が最も悪くなっています。

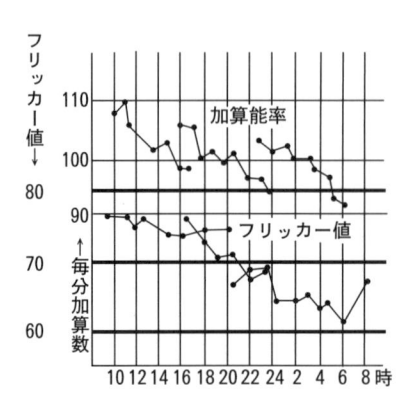

睡眠と労働時間の長さは3組ともまったく同じにし，ただ働く時間だけを昼間，夜間，明け方の3つに変え，1けた数字の加算とフリッカー値で能率の変化を調べた。フリッカー値は，次のように求める。網膜に光を断続的に与えると，チラツキ状態（フリッカー）が起こる。この断続的な光の速さを変えながら，チラツキの光が融合して，1つの光になって見えるまでに要する回数を測る。疲れが増すと，この値が小さくなる。結果は，加算の能率もフリッカー値も，深夜から明け方までの組が最も悪くなっている。

図4-3　昼夜における大脳の働き（大島）

その理由としては，次の3つがあげられています。
① 夜業そのものが不自然なため，自律神経やホルモンの調節作用が乱される。
② 生活が不規則になるため，体の正常な機能が乱される。
③ そのため，大脳の働きも低下する。

勉強の場合も同じで，深夜までの勉強，徹夜の勉強は効果が上がらないといえるでしょう（この点については，すでに2章2節で述べた）。

4 睡眠を上手にとる

(1) 睡眠の効果

頭の働きをよくするためには，よくいわれているように，睡眠を十分にとることです。前の晩，寝不足をすると，どうも頭がすっきりしないため，いい考えが浮かばないとか，よく覚えられないとかいうことがよくあるのではないでしょうか。これは，頭の働きをよくするためには，いかに睡眠が大切かという何よりの証拠です。

一生懸命勉強すると，脳細胞の活動に必要な物質が次第に減り，反対に脳細胞の活動を妨げる疲労物質が蓄積されます。ところが，睡眠をとると，脳の活動もほとんど止まり，エネルギーの消費される量よりも，補充される割合のほうが大きくなる。つまり，新しいエネルギーが，ますます蓄積され，疲労物質が排除されるのです。したがって，脳の細胞の疲労回復の上からも，あるいは疲労を防ぐ上からも，できるだけ睡眠を十分にとることが強調されます。

(2) 睡眠の型

人の睡眠にはいろいろの型があります。夜型睡眠の人は，床に就くと，30分から1時間でぐっすり眠り，朝起きたとき眠けが残らない。したがって，頭の働きも，目ざめてから2～3時間でよくなります。

ところが、朝型睡眠の人は床に就いてもなかなか深い眠りに入らず、1時間半さらには3時間半たってから深い睡眠に入り、明け方になって、また深い眠りに入ります。そこで、朝起きるのが苦痛になるのです。この型の人は、どうしても夜ふかしになるので、目がさめてから、5～6時間もたたないと頭の働きは完全になりません。

生理学者の杉靖三郎博士はかつて、睡眠の型と頭の働きについて、前掲の**図2-5**（p.78）のように示しています。このような関係から、最も自然な生活は、夜12時前に寝て、朝7時前に起きることだといわれています。子どもは、もう少し早いほうがよいでしょう。

この2つの型は、その人の体質や習慣からくるものですが、健康な人には夜型が多く、神経質な人には朝型が多いようです。

なお、勉強との関係でみると、脳は目ざめてから2～3時間たたないと、最高の働きをしません。したがって、午前の初めには簡単な勉強をし、そのあと午後にかけて頭がよく働く時期に難しい勉強をするのがよいでしょう。

(3) 睡眠の工夫

睡眠の効果を高めるためには、睡眠時間を十分にとるだけでなく、ぐっすり眠ることも大事です。そのためには、次のことが勧められています。

① **覚醒中枢を刺激しないようにする**　目からも、耳からも、筋肉や胃などからも刺激がこないようにします。明かりを消し、大きな音を立てないようにし、寝巻きは柔らかいものを、ゆったり着る。寝る直前には食べたり、飲んだりしないようにします。

② **精神的に興奮しないようにする**　寝る前にいらいらしたり、心配したりしないで心を安らかにします。寝る直前には難しい勉強を避けます。

③ **昼間、適当な運動をする**　昼間よく身体を使えば、ひとりでによく眠ることができます。

④ **寝つけないことを気にしない**　なかなか寝つけないときには、無理に眠ろうとするよりも、眠ることをあきらめることです。「眠れない」とい

う心配がなくなり，かえって眠ることができるものです。

⑤ **単調なリズムの音楽を聞く**　単調な音や振動が繰り返されると，大脳はその活動を弱めます。単調な話を聞いていると眠くなるのはそのためです。

5 適度に休養する——疲労の回復

(1) 休養の効果

頭を上手に使うためには，適度に休養して頭を休ませることが必要です。脳の細胞の疲労を防ぐ上からも，あるいは疲労回復の上からも，1～2時間勉強したら，10分か15分休憩することが必要だといわれています。勉強時間を長くすると，それにつれて疲労を回復するのに必要な時間も長くなります。特に，極度に疲労すると，疲労は数時間も回復しなくなり，時には一晩眠らないと回復しないこともあるくらいです。したがって，疲労があまり進まないうちに短い時間休憩するほうが，長い時間勉強して長い時間休憩するよりも効果があるといわれています。

(2) 休憩の方法と疲労回復の関係

休養の方法としては眠ることが第一ですが，これについては前に述べたので，ここでは，睡眠以外の休養について述べます。例えば，横になって休む，静かに休む，雑談する，散歩する，音楽を聞く，入浴する，飲食物をとるなど，いろいろあります。古い研究ですが，休養の方法と疲労回復の関係を調べた資料を2つ紹介しましょう。

表4-2は，完全な疲労回復を1として計算したもので，1に近いものほど休養の効果が大きく，マイナスは，逆に疲労が増えたことを表しています。これでみると，横になって休むのが最も効果があり，本を黙読することは，かえって疲労を増すことになるようです（寺沢厳男）。**表4-3**は，アメリカの学者の研究です（ハズバンド）。この傾向をみても，横になって休むのが最

表4-2 休養の方法と
疲労回復の割合（寺沢）

休養の方法	効果
横になる	0.638
安静にする	0.254
雑談する	0.235
散歩する	0.171
黙読する	-0.030

表4-3 休養の方法と
疲労回復の割合（ハズバンド）

休養の方法	効果(%)
横になる	9.3
自由に休息する	8.5
音楽をきく	3.9
茶を飲む	3.4
黙読する	1.4

も効果があるようです。

　なお，入浴も休養の方法と考えられています。確かに，入浴はからだの疲れをとるには効果がありますが，頭の疲れをとるのには，あまり役立たないといわれています。なぜなら，入浴のあとは身体の血液の循環がよくなり，大脳への循環が悪くなるからです。食事のあと，消化のために血液が大脳や身体の他の部分から内臓に集まるため，何となく眠気をもよおしたり，けだるい感じになり，頭の働きがにぶくなるのと同じです。そこで，入浴後は，30〜40分くらい勉強を休むことが必要です。もちろん，入浴によって気分が転換する効果はあります。一般には，勉強のあとで寝る前に入るのがよいでしょう。

6　飽きを防ぐ

(1) 飽きとは

　飽き（心的飽和）とは，ある作業を続けて行っているとき，それに気が向かなくなり，どんなに努力して続けようとしても，また他から強制されても，どうしても続けて行うことができなくなる状態（意志の消失）のことです。疲労に似ていますが，疲労は，作業をする意志はあるが，作業を続けられなくなる状態です。この意志の有無の点で両者は区別されます。

　なお，飽きが進み，自分からすすんで続行する気持ちがまったくなくなる

ことを「過飽和」といい，1つの仕事に飽きたとき，これと異なる他の仕事にも，その影響が及んで，やる気を失うことを「共飽和」といいます。

飽きは，作業が進歩しないで，単なる繰り返しになったとき起こり，また，一定の目標をもたない作業のときに起こりやすいといえます。さらに，快・不快を伴う活動は，中性の活動よりも早く飽きます。

(2) 飽きの防ぎ方

これに対して，作業に進歩が起こったり，無関心で行ったりすることによって飽きを防ぐことができます。呼吸とか歩行のような自動的活動も，単なる反復として無意識的に行うと飽きません。したがって，あまり気の進まない仕事をやらなければならないときには，できるだけ仕事に対して無関心の態度をとり，機械的に行えば，ある程度は飽きるのを防ぐことができます。

勉強で飽きてきたときには，勉強に変化をもたせたり，進歩の程度を調べたりすると，再びそれを続ける意欲が出てきます。また，他の科目に変えるのも1つの方法です。さらに，あまり長い時間続けると，子どもはどうしても飽きてくるので，適当な時間で区切りをつけ，変化をもたせるようにする必要があるでしょう。

もちろん，飽きる速さは，年齢や性格によっても違います。一般には，年齢が増すにつれて飽きは遅くなるといえます。

7 スランプを防ぐ

(1) スランプとは

長い間緊張していると，机に向かっても，目は本の上を走るだけで頭に何も残らないとか，気ばかりあせって勉強が進まないことがあります。このような状態をスランプといいます。心身の疲れとか，勉強に対する迷いなどから起こる一種の中だるみで，一時的に調子が出なくなる状態です。

スランプは，前述のように心身の疲れとか，勉強に対する迷いやあせりか

ら起こります。例えば，学業成績が上がらない，勉強の計画がはかどらない，不得意科目が多い，模擬テストの成績が悪い，入試が不安，友人に負けそうだ（劣等感）などといったあせりが，その原因になります。

　特に，神経質な人，自信の乏しい人，競争意識の強い人は，スランプに陥りやすいといえます。つまり，性格に柔軟性がなく，忍耐力の乏しい人に多く見られます。

(2)　スランプの防ぎ方

　スランプを防ぐには，次の点に気をつけるのがよいでしょう。

　①　**あせらない**　　一度にたくさん勉強しようとしたり，友達に負けないようにとあせらないようにします。

　②　**神経質にならない**　　スランプを気にしたり，テストの得点の上下を過度に気にしたりしないようにします。また，失敗したときのことなど考えないようにします。

　③　**自信をもつ**　　毎日，「これだけ勉強している。よく勉強した」と思うことが大事です。

　④　**自分のペースを守る**　　友達の勉強ぶりにまどわされないようにします。

　「どうしても勉強する気になれない」というスランプ状態は，たいていの人が経験します。大事なことは，それをいかに乗り越えるかです。うまく乗り越えていく人が勉強の上手な人といえるでしょう。

(3)　スランプの乗り越え方

　スランプを乗り越える方法としては，次のものがあげられます。

　①　**すすんでレクリエーションをする**　　スランプになると，ちょうど袋小路に入ったようなもので進むことも退くこともできません。こんなときには運動でも，趣味でも何でもよいから自分の好きなことをやり，思い切って気晴らしをすることです。気分がさっぱりすると，再び勉強しようという気

持ちが起こります。

　② **思い切って勉強を離れる**　　能率の上がらないことを気にしないで，1日でも2日でも勉強を離れて，自由に遊んでみるのもよいでしょう。

　③ **睡眠や栄養を十分にとる**　　スランプは心身の疲れからも起こります。したがって，睡眠や栄養をよくとり，心身の調子をよくすることも大切です。

　④ **家庭生活を楽しくする**　　中学生のころは，自我に目ざめ，自己主張が強くなる時期です。そこで，親や兄弟に反抗的になったり，逆に人から遠ざかり，自分のからの中に閉じこもったりしがちです。親や兄弟の立場も考えて，楽しい雰囲気をつくり，家庭でくつろぎ，楽しく話し合うようにしましょう。

　⑤ **親しい友達と話し合う**　　スランプにおちいると，気分がいらいらしてくるものです。こんなときには，親しい友達と気楽に話し合うとよいでしょう。悩んでいるのは自分だけではないとわかれば気が楽になります。

　⑥ **スランプを気にしない**　　スランプになっても，それをあまり気にしないで，勉強の仕方を変えるのも1つの方法です。

　⑦ **教師やスクールカウンセラーに相談する**　　このように，いろいろの方法の中から自分によいと思う方法をためしてみたうえで，それでもどうしてもうまくいかないときには，教師やスクールカウンセラーに相談しましょう。

8　筋肉を動かす

　身体を動かすと，眠気もさめ，頭がすっきりすることがあります。なぜ，筋肉を動かすことが頭の働きをよくするのでしょうか。それは，脳細胞は，感覚器官から脳の中へ送られる感覚の信号によって働きが活発になるからです。目とか，耳とか，皮膚などの感覚器官から送り出される感覚の信号は，脳へ伝えられて，それぞれの感覚を引き起こしますが，それと同時に，大脳へ行く途中にある脳幹部でも，網様体という場所に信号の一部が送り込まれ

ます。すると、網様体は、その信号によって活動を起こし、そこから新しい信号を出して、新しい皮質全体の脳細胞を刺激し、活動を活発にします。逆に、感覚器官からの信号が少なくなると、網様体の活動も衰えてしまい、頭もぼんやりします。

しかし、感覚器官から送り込まれる信号が強すぎても逆効果になり、頭が働かなくなります。まぶしい光ややかましい音、歯の痛みが、頭の働きを妨げるのは、その例です。

これに対して、筋肉からの刺激、筋肉の緊張から生じる感覚の信号は、よほど注意しないと、自覚症状として本人には感じられませんが、脳細胞を強く刺激します。歯の痛みのように気にはなりませんが、脳細胞を刺激する力は強く、頭の働きをよくします。そこで、筋肉から信号を送り出し、勉強に役立たせるため、次のような方法があげられています（時実利彦）。

① **歩くこと**　　歩きながら単語カードを見ると覚えやすいという人がいます。事実覚えやすいのですが、道路では交通事故にあう危険があるので、家の中でやるほうがよいでしょう。しかし、目のためにはあまりよくありません。眠けのおそったときに、短い時間やるのがよいでしょう。

② **立ち読み**　　本屋の立ち読みのほうが、机に向かって本を読むより頭に入ることがあるでしょう。立っていると、背中や足の筋肉が緊張し、その刺激で頭の働きがよくなるからです。また、授業中眠くなったとき、立つと眠けがなくなるのも同じ理屈です。

③ **堅い椅子に腰かける**　　腰かけるときは、やわらかいソファよりも堅い椅子のほうが、刺激の信号を頭に送り込むのに効果があります。ゆったりしたソファに深く腰かけ、寄りかかったりすると、誰でも眠くなるものです。まして、寝転びながらの勉強では、よけい眠くなります。

④ **背伸び**　　人間誰でも少し疲れてくると、大きな背伸びを無意識のうちにしますが、これは合理的な知恵です。背伸びをすると、背中、肩、腕、手の筋肉を引き伸ばすことになり、効果があります。

⑤ **あくび**　　勉強のとき、あくびをするのはふまじめだといわれますが、

あくびをすると，上あごと下あごの間にある咬筋を引き伸ばすので，頭の働きをよくする筋肉の運動の1つと考えられます。実際には，時と場所を考えることが必要です。

⑥　**ものを咬む**　ものを咬むと，咬筋を働かせることになるので，あくびと同じ効果が考えられます。家で勉強するときには，チューインガムを咬んだり，豆を咬んで食べたりすると，頭の働きが活発になり，眠気もなくなります。

9　ながら勉強を避ける

すでに2章3節で述べたように，よく聞き慣れた音で，ほとんど高低のない音は，あまり強くなければ，それほど気にならないものです。ときには，大脳を刺激し，眠気をさます効果もあります。そこで，音楽を聞きながら勉強する人もいます。

しかし，音楽の効果は，人によって異なります。音楽にほとんど注意を払わない人にとっては，静かな音楽は勉強の助けになるかも知れませんが，音楽を聞くと，ついそれに注意を集中する人にとっては，静かな音楽でも悪い影響を及ぼすことになります。

そこで，「最も安全なやり方は，音楽を聞きながら勉強しないこと」ということになります。

10　性格を生かす

「十人十色」といわれるように，人の性格はさまざまです。顔や体つきが違うように性格も違っています。この性格の違いは，日常の行動様式にも現れ，勉強の能率や人間関係にも影響します。したがって，生徒の性格を理解し，それを生かして指導することが大事です。もちろん，性格は生まれつきにもよりますが，育つ環境や本人の努力によっても変わります。したがって，

性格で短所と思われるところは努力して直すように指導します。

性格の分け方にはいろいろありますが，ここではわかりやすくするため，便宜的に次の4つにわけ，それぞれのタイプの望ましい学習法をあげることにします。

(1) **陽気型**

このタイプは，いわゆる外向型で，細かいことはあまり気にしません。先のことをあれこれ考えて，よけいな心配はしない。すんだことは仕方がないとあきらめる。人前でも平気で話せる，という特徴があります。したがって，教室でも，教師の質問に気楽に答えられます。また，失敗してもあまり気にならないので，すぐ次の勉強に進むことができます。

ところが反面，なんでもあっさり片付ける。答案を返されたときにも，十分検討しない。ノートなどとれなくても，気にしない。予習・復習など，できても，できなくても，一向に気にならない。宿題など，忘れても気にしない。「上っ調子」のところがある，などの傾向があります。

したがって，このタイプの人は，このような長所・短所を考えて，次の点に気をつけて勉強するように指導するのがよいでしょう。

① **最後まで読む**　早飲み込みの傾向があり，考え方も単純で，理科や社会の教科書を読んでも，初めの部分だけ読んで，「もうわかった」と楽天的に考えたり，一度通読して，「もう大丈夫」と安心してしまったりしがちです。そこで，最後まで読み通したり，念には念を入れて考えるといった注意が必要です。

② **最後まで考える**　問題をざっと読んだだけで「もうわかった」と思い，中途をとばしたり，読み落としたりすることがあります。テストでもうっかりミスをする。やはり，数学の問題を解くときなどには，一問一問，丹念に，最後まで解いていくことが大事です。

③ **手を使って考える**　上っ調子になりやすい人は，とかく活字を目で追ったり，頭の中で考えがちですが，むしろ実際に紙と鉛筆を使って考えるようにするとよいでしょう。書くことによって上っすべりを防ぐことができ

ます。

④ **見直す習慣をつける**　試験でも，答案を書き終わると万事終わりと考えて，あとでミスに気づいて，「しまった」と思うことがあります。必ず見直す習慣をつけたいものです。

(2) 神経質型

このタイプは，いわゆる内向型でひっこみ思案，とりこし苦労，神経過敏といった特徴をもっています。必要以上に心配性で，細かいことにこだわり，いらいらしすぎる傾向があります。友達のことが気になったり，授業中も，先生や友達に笑われてはいけないと思って質問もしないし，答えるのもひかえる。とかく，ものごとを暗くみる傾向があります。

しかし反面，細かいことに注意がいきわたり，慎重で，きちょうめんです。字なども割合小さく，ノートにもはじからはじまで，きちんと書いていく。勉強でも，細かい点まで注意して勉強する，などの長所をもっていますが，何でも覚えなければいけないと思い込み，自分を苦しめたり，時間を浪費したりすることもあります。このタイプの人は，勉強では，次のように指導するのがよいでしょう。

① **計画的に勉強する**　計画を立てて勉強することは，だれにとっても大事ですが，特に神経質な人にとっては大事なことです。神経質な人は，いくら勉強してもなかなか自信がもてず，苦労性ですから，「こんな勉強では友達に負ける」「試験で失敗する」などとあせったりします。そこで，家庭で勉強するときにも勉強の計画を立てて，「何時から何時まで，何を勉強する」と決めておき，それを実行します。そうすれば，「今日は，これだけ勉強した」といった安心感をもち，あせりや不安も少なくなる。しかし，実行可能な，さらには，多少ひかえめな計画にしておくのがよいでしょう。

② **大筋をつかむ**　神経質な人は，理科や社会の勉強でも，とかく細かいことに気をとられ，大局をつかむことができないことがあります。数学でも，袋小路に入り込み，進まないことがある。いつも大筋に目を向け，おお

らかな気持ちで勉強するようにしたいものです。

　③　**体全体を使う**　　このタイプの人は，勉強のとき，人の話し声やテレビの音などを非常に気にし，気が散りやすく，いらいらしてきます。注意が集中しないときには，音読するとか，ノートにも書くというように，体全体を使って勉強するのがよいでしょう。

　④　**やさしいものから始める**　　数学の問題を解くような場合にも，初めから難しいものをすると，自信を失ったり，不安になったりします。むしろ，やさしいもの，得意なものから始めて，成功感をもつのがよいでしょう。問題集なども，あまりに難しいもの，厚いものは自信喪失の原因となります。

(3)　**凝り性型**

　ものごとを綿密にやり，難しいことにも耐えていくタイプです。テンポは遅くても，こつこつ粘り強くやっていく傾向があります。

　このタイプの人は，何でもやり始めると，それに凝り，他のことは考えない。きちょうめんで，机の上のものが曲がっていると，そのままでは気がすまない。掃除なども徹底的にしないと気がすまない，といった傾向があります。

　これはよい点でもありますが，きちょうめんすぎると，ものごとを堅苦しく考え，融通がきかなくなることがあります。ばか正直，頑固などといわれることもあります。また，いったん怒りだすとかっとなることもあり，それがいつまでもあとをひく傾向もあります。

　このタイプの人は，次のように勉強させるのがよいでしょう。

　①　**大局に目を向ける**　　凝り性型の人は神経質な点もあるので，細かいことにも凝り固まり，大局を見誤まることがあります。社会科などでも，細かいことがらの記憶に気をとられ，因果関係をとらえないことがある。そこで，いつも全体を見通し，前後の関係を考えながら勉強するように気をつけさせます。

　②　**計画的に勉強する**　　このタイプの人はものごとを綿密にやるかわり

に，前に進まない傾向もあります。したがって，時間をかけても，案外足ぶみをしていることがある。そこで，家で勉強するときにも，どこまでやるか，だいたいの計画を立て，それを実行していくように指導します。

③ **競争心に訴える**　いつまでも1つのことに凝り固まっているようでは，大きな前進は見られません。前向きの姿勢をとるには，友達はどうしているかを見て，競争心に訴えるのもよいでしょう。また，自分の結果をグラフに表して，どのくらい前進したかを知るのもよい方法です。

④ **頭の回転を早める**　石頭といわれないようにするためには，平素から時間を決めて，答案を作成してみるのもよい方法です。

なお，問題を解く場合，1つの立場にこだわり，別の角度から考えないこともあります。例えば，ものさしとして用いてきたものを，ものさし以外の用途のために道具として用いることが難しいのはこれです。これは，一定の構えから起こる悪い影響で，この現象は「機能的定着」といわれています。これを破るためにはあらかじめ，その対象の機能をできるだけあげさせ，いろいろの観点からものを見る柔軟性を身につけさせることが大事です。

(4) 移り気型（動揺型）

これは，外向型の特徴で，精神が集中できず，落ちついて1つのことにあたることがきらいなタイプです。いわゆるあきっぽい性格で，気分屋です。気が向けば一気にやりますが，気が向かなくなると，じきに他のことに向かってしまう。次から次へと，気の向くままに手をつけていきますが，最後まで1つのことをやりぬくことが苦手です。問題集なども，あちこちかじり散らす。ノートを見ても，あるところは詳しく，あるところはいいかげんにというようにむらがあります。

しかし，周囲の人と気軽につきあい，人の心配ごとにも同情するといった人間的温かみもあります。また，よい思いつきをすることもあります。

このようなタイプの人は，次のように勉強させるのがよいでしょう。

① **環境を整える**　ちょっとしたことにも気が散りやすいので，勉強部

屋を整理します。壁にいろいろなものを貼り付けたり，机の上にものを積み重ねたりしないようにします。

　② **勉強時間を小きざみにする**　長時間勉強するのは苦手です。そこで，時間を小きざみにし，短時間でもよいからむだにしないようにする。短時間でも毎日勉強を続けるようにするのです。

　③ **変化に富んだ勉強をする**　紙と鉛筆を用意し実際に書いたり，音読したり暗唱したりさせます。科目を変えるのも1つの方法です。このようにしながら，徐々に勉強の時間を長くするようにするのです。

　④ **参考書は買いあさらない**　参考書・問題集も目移りし，あれこれ手にしますが，これは禁物です。一度決めたら，迷わず，最後までやってみる根性が大事です。

■指導のポイント

1. 頭の働きをよくするために食べ物に気をつけているかを考えさせます。
2. 頭の働きをよくするために，睡眠で注意している点を考えさせます。
3. 疲労や飽きやスランプをどのように防ぎ，克服しようとしているかを考えさせます。
4. 自分の性格を考えて勉強の仕方を工夫しているかを考えさせます。

第2節 注意力を伸ばす

1 注意の集中とは

　勉強していても，仕事をしていても，余計なことを思い出したり，他のことに気をとられて，注意の集中ができないことはないでしょうか。
　こんなときには，作業の能率は上がりません。時間だけかけても効果はないのです。
　そこで，注意の集中が問題になります。注意は，ある限られたものだけを頭に取り入れ，他のものを取り除く働きをもっています。その中で，特にはっきりととらえる部分を「注意の焦点」といい，それ以外の比較的はっきりしない部分を「注意の周辺」といいます。
　注意の集中というのは，勉強することに「注意の焦点」を合わせることです。

2 注意集中の条件

　注意を集中し，焦点を合わせることは，次のような条件によって左右されます。
　学習の内容　勉強のとき，その内容が面白いかどうか，子どもの興味をひくかどうか，理解できるかどうか（難しすぎてもやさしすぎてもだめ）な

どが影響します。内容が面白い，興味をひく，理解できるなどのときには，注意が集中します。

本人の性質　注意の集中がうまくできるかどうかは，本人の性質によっても違います。落ちつきのない人は，あちらこちらに気が散ります。また，神経質の人は，ちょっとしたことにも気を使い，勉強に注意が向かなくなります。

本人の努力　気が散りやすい場面でも，本人が努力して注意を向けることによって，勉強の能率が上がります。

本人の健康　身体が弱かったり，歯が痛かったり，おなかの調子が悪かったりするときには，本を読んでいても頭に入らなくなります。

環境の条件　騒音や人の話し声などは注意の集中を妨げます。また，静かすぎても落ちつかない人もいます。

3　注意集中の工夫

このように，注意の集中には，いろいろの条件が影響しますので，次のような工夫をして注意の集中を図るようにするとよいでしょう。

①　**注意の波を考える**　時計の時をきざむ音を聞いていると，音が高くなったり，低くなったりし，ときには全然聞こえなくなる瞬間もあります。これは注意が動揺することを示しています。勉強のときには，この動揺に，勉強のリズムを合わせていくとよいでしょう。つまり，大事なところに注意を集中し，あまり大事でないところでは力を抜いていけば，むだのない勉強ができます。

②　**緊張しすぎない**　「さあ，これから勉強しよう」と張りきって静かな勉強部屋に入り，机に向かっても，空想や雑念が次々と浮かんで注意が集中できないことがあります。これは緊張しすぎたためです。いっぽう，電車の中などで本を読むと，案外頭に入るのは，「どうせこんなところで勉強しても，それほど効果がない」と，あまり期待しないので，心の中にゆとりが

あるからだという人もいます。確かに楽な気持ちで勉強すると，多少騒がしいところでも注意を集中して勉強できるものです。

　③　**感情を高ぶらせない**　おこったり，けんかしたあとで，気分がむしゃくしゃしているとき，また不安が強すぎるときには，注意が集中しないものです。注意の集中をはかるためには，できるだけ心をおだやかにし，つまらないことに神経を使わないようにすることです。

　④　**適度に運動する**　頭に血がのぼると，注意を集中してものを考えることができません。そこで，注意を集中するには，頭の血を下げることが必要になります。そのためには，軽い運動をすることです。もちろん，身体を動かしすぎて疲れてしまわないように注意します。

　⑤　**心身を健康にする**　身体の調子が悪かったり，心に悩みごとがあると，そちらに注意が引かれ，勉強のほうがお留守になります。身体の調子を整え，つまらないことに気を使わないようにすることです。

　⑥　**体を使って勉強する**　教科書や参考書を読むだけだと，いろいろのことが思い出されたり，雑音が気になったりするものです。下手をすると，目で活字を追うだけで，意味がわからないことがあります。こんなときには，手で書いたり，声を出して読んだりするのがよいでしょう。

　⑦　**雑念を気にしない**　「雑念が起こって困る」と悩む人がいます。時には，雑念を追い払おうとすればするほど，雑念に追いかけられることがあります。このような状態は雑念恐怖症といわれます。このように，ある1つのことが執念深く意識にのぼり，追えども去らないで悩むのを「強迫観念症」といいます。忘れようとすれば，かえって，ますます頭に浮かんでくるのです。

　このような状態では「気にするな」といっても，気にしないように努めれば逆にそれに注意を向けることになります。したがって，雑念を取り除こうと気をもむよりも，それにかまわず勉強を始めることです。とにかく，机に向かい，読む，書く，といった身体を使う勉強を始めるのです。「注意が集中できなくて困る」と，ただ悩んでいるよりも，1つでも2つでも覚えれ

ばよいと気楽に考えて勉強するようにするとよいでしょう。

⑧ **徹底的に調べる**　教科書を読んでいて，わからない言葉に出合ったならば，それを飛ばさないで辞書で調べます。いいかげんのところであきらめないことです。このような勉強態度を続けていると，理解も深まり，勉強に興味がわき，注意も自然と集中するようになります。

⑨ **学習内容を目立たせる**　小さなポスターより大きなポスターのほうが目につきやすいし，小さい音よりも大きい音に注意を引かれるでしょう。このように，刺激の大きさ，強さ，珍しさなどは注意を引き起こす条件になります。また，弱い刺激でも，絶えず繰り返されていると，注意を引くようになります。このように，ものの性質や並べ方によって注意を引く程度が違ってきます。

この原理は，勉強にも応用できます。教科書や参考書などで重要なところを太字で書いてあるのは，そこに特に注意を引きつけるためです。ノートや教科書の重要なところに赤線を引いたり，枠でかこったりするのは，注意を集中させるのに役立ちます。自分がよいと思う方法を工夫し，できるだけ学習内容を目立たせるとよいでしょう。これは記憶にも役立ちます。

しかし，「過ぎたるは及ばざるがごとし」ということもあります。赤線を引くことがよいからといって，あまり多く引いたのでは効果がなくなります。

⑩ **少しの時間を生かす**　1時間も2時間も続けて勉強しようと思うと飽きてきて，注意の集中ができなくなる場合があります。飽きやすい人は，電車の中でも，休み時間でも，わずかな時間を生かすことが必要です。特に勉強しなければと思うと気が重くなる場合には，できるときに，いつでもよいといった気持ちで，わずかの時間を活用するとよいでしょう。

⑪ **環境を整える**　家で机に向かって勉強していても，思いはいつか他のものに移ってしまうことがあります。机の上が散らかっていたり，勉強部屋が乱雑になっていると，一層いろいろの連想が起こるのです。そこで，机の上や部屋の中をできるだけきちんと整理し，気の散らないようにすることが大切です。

机の置き方も工夫しましょう。例えば，気の散りやすい人は，窓が左側になるように壁に向けておくのがよいといわれます。窓に向けて置くと，窓の外のものに目移りし，気が散りやすいというのです。なお，机の正面にはなるべくものを置かないことも勧められています。

　また，家で遅くまで勉強するとき，あらかじめ寝具の用意をする人もいます。手まわしがよく，落ちついて勉強できるだろうと考える人もいるでしょうが，これは望ましくないといわれています。なぜかというと，寝具が目に入ると，条件反射で眠くなるというのです。勉強部屋にベッドを入れてある人は，勉強中，直接目に入らないようについ立てで仕切ったり，背後に置くことが必要です。

　さらに，勉強部屋が明る過ぎても，騒がしくてもうまくいきません。勉強部屋は，できるだけ静かで，気分が落ちつくように工夫する必要があります。

　なお，家庭の人間関係，雰囲気も大事です。わがままを抑え，相手の立場も考えて，できるだけ楽しい雰囲気をつくり出すようにしましょう。

　勉強部屋の工夫については，2章3節に詳しく述べてあります。

　⑫　**訓練する**　注意も訓練によって，さらには自分の努力によって集中できるようになります。ここでは，訓練の効果を示す研究を紹介します。この研究では，中学2年の，歴史の時間になると注意の集中ができない生徒に，自分が注意を集中できた時間の長さを記録させ，注意を集中していたときには「プラス」を，注意を集中できなかったときには「マイナス」を，気づいたときにいつでも記録用紙に記入させました。他の観察者が，その生徒が実際に注意を払っていた時間を測定した結果が**図 4-4**です。ベースラインは普通のときの状態です。この結果は，本人が自分の行動を記録し，強化を与えているときには，注意集中の時間がかなり増加することを示しています（ブローデン）。

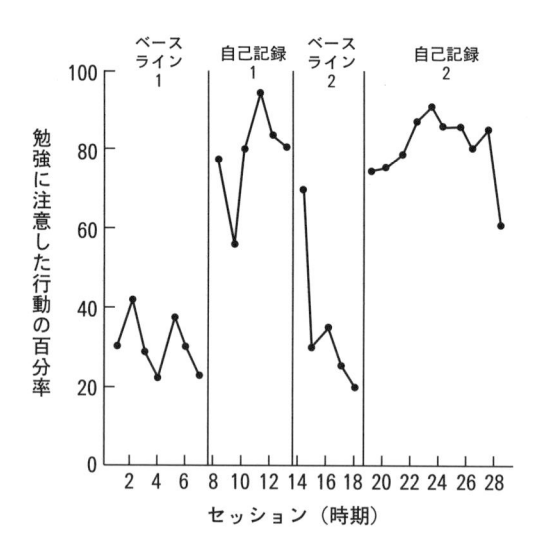

図4-4 自己記録と注意集中時間の増加（ブローデン）

■指導のポイント

1. 注意の集中に影響する条件を考えさせます。
2. 勉強のとき，どんなときに注意が集中できないかを思い出させます。
3. 注意を集中するために，どんな工夫をしているかをあげさせます。

第3節 観察力を伸ばす

1 観察力とは

　観察力は「事物や人間のありのままの状況を注意して見る力」です。この観察は，心理学では知覚（感覚器官が外界の事物をとらえ，見分ける働き）として早くから研究されてきています。知覚は，その内容から次のように分けることができます。

① **個別知覚**　　個々の事物，個人，あるいは個々の出来事の知覚。
② **運動知覚**　　ものの動きの知覚。
③ **性質の知覚**　事物や人の性質の知覚。
④ **空間知覚**　　ものの形状，位置，大きさ，広さ，距離，奥ゆき，遠近，深さ，方向などの知覚。これは，視覚だけでなく，聴覚や触覚，運動感覚の働きによってもなされる。
⑤ **時間知覚**　　事物，出来事の継起（相ついで起こること），連続，リズムなどの知覚。
⑥ **集団の知覚**　集合した事物や人の知覚。
⑦ **社会的知覚**　これには，2つの意味がある。1つは，社会的生活における好感，親切，怒り，喜び，争い，協力などの知覚である。他者の感情や性格，あるいは自分との関係などをどのように見るかといった対人知覚（対人認知）である。もう1つは，対象のもつ社会的な価値によって影響を

受ける知覚である。社会的に価値があると考えられているものがよく見えるのは，それである。

このように知覚は，様々な対象について行われますが，その際，本人の感覚器官の状態はもちろん，どんな欲求や興味をもち，どんな感情をもっているか，どんな経験をもっているかといった本人の状態によっても，受け取り方が違ってきます。このような知覚は力動的知覚といわれます。

また，人は外界の刺激場面をありのままに知覚しないで，その刺激場面の一部を知覚の対象として選択し，知覚する傾向があります。このような知覚の性質を知覚の選択性あるいは選択的知覚といいます。学習では，学習材料について正しく知覚することが大事です。

この観察は，理解にとっても重要であり，すべての学習の基礎になります。学習しようとする対象について，ありのままに，しかも正しく把握し，その結果を記録することによって知識・理解を習得できます。そこで，昔から正しい知識を得るためには，文字や言葉によるかわりに，直接実物を観察させること（直観という）によって効果的に学習させようという主張がなされました。この指導法は直観教授と呼ばれています。この主張は，今日重視されている視聴覚教育に反映されています。

また，他人の行動・態度を観察し，それを模倣してその行動・態度を身につけることをモデリングといいます。ここでも，観察を重視しています。

いずれの場合にも，観察を正しく行う力が必要です。

2 観察の仕方

対象を観察する場合，いろいろのやり方があります。

(1) 自然観察法と実験的観察法

前者は，出来事を観察する場合に特別の条件を設けないで，自然場面でその出来事をありのままに観察する方法であり，後者は，観察場面を人為的に

操作して，意図的に引き起こした事象を観察する方法です。例えば，動植物や気象の状況を調べるときの観察は前者であり，理科の実験の際の観察は後者です。

(2) **偶然的観察法と組織的観察法**
　前者は，自然場面で起こる事象や行動をありのままに観察する方法であり（自然観察法），後者は，あらかじめ「いつ，なにを，どんな立場」で観察するかを決めておいて観察する方法で，さらに次のように分けられます。
　時間見本法　　5分とか10分とかの短い時間，あるいは毎週の初めに起こる出来事を観察する方法。
　行動見本法　　観察すべき事象をあらかじめはっきり決めておき，それらが起こるたびに記録する方法。
　場面見本法　　事象は場面によって起こりやすいか否かが決まるので，その事象が起こりやすい場面を見本としていくつか選んで観察する方法。
　位相観察法　　観察すべき事象の流れを前期，中期，後期などの段階に分け，それらの事象を全体の流れの中で観察する方法。
　なお，観察すべき事象をあらかじめ表にしておき，それが起こるたびにチェックする方法は，チェックリスト法といわれ，広く用いられています。

(3) **直接的観察法と参加観察法**
　前者は，関係のない独立した観察者が自然場面あるいは実験場面において行動を観察する方法であり，後者は，観察者が被観察者と生活や行動をともにしながら行動を観察する方法です。
　なお，近年，ビデオなどの進歩により，これまでの観察法によるよりも，より正確な資料を集めることができ，客観的な観察ができるようになりました。

3 観察力の発達

観察力は，知覚の発達に伴って発達します。心理学の研究によると，知覚は次のように発達するとされています。

乳幼児期には，外界の認識も客観的存在としての事物や事件をとらえることができません。自分の感じ，自分の経験のままに見る傾向があります。例えば，犬を見ても動物として見ないで，「こわいもの」とか「かわいいもの」というように情緒的にとらえるのです。これは相貌的知覚といわれています。

児童前期までは，この相貌的知覚が見られますが，それ以後は，しだいに事物を客観的に見るようになってきます。観察力を伸ばすことは，この主観的知覚から客観的知覚へ移行させることです。

4 観察力の伸ばし方

観察力は年齢に伴って発達しますが，さらに適切な訓練とか指導によってもかなり鋭敏になり，正確になります。ここでは，本人が努力すべき点をあげてみます。

① 「いつ，なにを，どの角度」から観察するかをきちんと決める。
② いろいろの角度から見る。
③ 系統的，連続的に繰り返し見る。
④ 一歩退き，冷静に見る。
⑤ 断片的に見ないで，場面との関係を考える。また，位相観察法によって前後のつながりを見る。
⑥ 事象を起こした原因をさぐってみる。表面に現れたものだけでなく，目に見えない部分についても注意を払う。これは，事象を説明するための仮説を立てたり，仮説を証明したりするような科学的態度を発達させる。

⑦　観察の対象や場面が複雑なときには時間見本法や場面見本法を用いる。

⑧　理科などの観察では，比較，異同などの判断に導くようにする。

⑨　自然や人間の観察は，描画や作文や作詩の基礎となるので，科学的観察のほかに美を直接的に認識する力も必要である。

⑩　観察結果を記録する練習をする。表にするとか，グラフに描くとか，文章で表すとか，結果の記録に適した方法を考える。この記録によって観察の足りないところもわかる。

■指導のポイント

1.　観察と勉強との関係について考えてみるように指導します。
2.　勉強のとき，どのように観察しているかを考えさせます。
3.　観察力を伸ばすために，どんな工夫をしているかを考えさせます。

第4節 記憶力を伸ばす

1 記憶力とは

「あの人は記憶力がよい」とか「悪い」などとよくいいますが，記憶力には，次の3つの働きが考えられています。

① ものを覚える働き（記銘，符号化）
② 覚えたものを長くもち続ける働き（把持または保持，貯蔵）
③ 必要なときにそれを思い出す働き（再生または再認，検索）

「記憶力がよい」という場合にも，①覚え方が速いことをさす場合，②たとえ覚え方は遅くても，一度覚えるといつまでも忘れない場合，③必要なときにすぐ思い出せる場合，とあります。記憶力をよくするためには，この3つの働きをよくすることが必要です。

2 記憶の3段階説——記憶の過程

記憶を情報処理の立場から，感覚記憶，短期記憶（作業記憶），長期記憶の3つに分け，3段階説とよぶ立場があります（アトキンソンら，1章2節も参照）。

① **感覚記憶** これは外からの刺激（情報）を目，耳などの感覚器官を通して短時間（約1/4秒）記録されるものです。ここで感覚的に受け取る情

報は，目からのものは映像的イメージ，耳からのものは音響的イメージをつくります。このイメージは瞬間的に消えますが，短時間にチェックされ，一定の特徴をもつものが注意され，選択され（選択的注意），必要とされるもの，あるいは適切なものだけが，次の短期記憶に送られます。

② **短期記憶** これは送られてきた記憶を短期間（20～30秒）保持するものです。この記憶が可能な刺激の数（情報のかたまりの数）は，7 ± 2 だといわれています。これは，そのままだとすぐ消失し，忘却するので，「リハーサル（復唱）」を行います。これは，刺激を受け取ったあとで，それを声に出したり，声に出さなかったりして繰り返すことです。リハーサルはさらに，「維持リハーサル」と「精緻化リハーサル」に分けられます。前者は単に機械的に繰り返すことで，機械的リハーサルあるいは機械的反復ともいわれ，短期記憶において情報を維持することをめざしています。後者は情報の意味を考えながら，あるいは意味によってまとめながら（体制化），情報を繰り返すやり方です。記憶材料の体制化と有意味化をめざしています。

③ **長期記憶** 短期記憶で処理され，保持されたものは，長期記憶に送り込まれ，長く保持されます。この長期記憶の保持をよくするために記憶材料を有意味化したり，イメージ化したりして覚えやすい形に変換し，本人の知識の体系（認知構造）に関係づけようとします。このような工夫は認知的方略といわれます（これについては，1章2節を参照）。

なお，短期記憶のかわりに「作業記憶」という言葉も用いられます。これは短期記憶に似ていますが，作業記憶という場合には，貯蔵機能よりも処理機能を強調しています。すなわち，情報を処理して長期記憶に送り込み，また必要に応じて長期記憶から情報を再生する働きをします。

この情報処理の際に，処理を入念に意味を考えて処理するか（深い処理），音のひびきとか，表面的な物理的特徴によって処理するか（浅い処理）といった区別をすることもあります。これは処理の深さといわれ，この水準が深いほど記憶されやすいといわれています。記憶しようとすれば，意味について分析し，意味を考えて記憶することが大事です。

3 記憶の型

(1) 機械的記憶・論理的記憶・図式的記憶

　ものごとを覚えるとき，いわゆる丸暗記といわれるように，意味がわからなくても，はじめからすべて覚えていくものを機械的記憶，意味を考えながら，それを手がかりにして覚えていくものを論理的記憶（意味的記憶）といいます。また，図表・場所・順序などと結びつけ，それを手がかりにして覚えるものを図式的記憶ということもあります。

　一般には，機械的記憶よりも論理的記憶のほうが覚えやすいので，意味のない数字のようなもの，地名や人名のようなばらばらのものを覚えるときには，意味のあるものと関係づけたり，節をつけたりして覚える方法が用いられます。このような有意味化のための記憶の操作としては，刺激選択・群化（グルーピング）・変換（符号化，コーディング）・媒介などがあります。

　① **刺激選択**　刺激が示されたとき，刺激全体をそのままの形で受けとめないで，刺激の一部分に注意して，それを手がかりにして記憶することです。例えば，「文部科学省」を「文科省」と短くして覚えるといったように，日常生活でもよく用いられる方法です。

　② **群化**　記憶するときに，項目間に何らかの関係をつけて一緒に並べたり，同種のものをグループにまとめたりして覚えることです。これには，同じ仲間（範疇）に属するものをまとめて記憶する「範疇的群化」，項目の間にある連想からまとめる「連想的群化」，自分の好きな方法でまとめる「主観的群化」とあります。

　③ **変換**　歴史の年代や電話番号を覚えるとき，意味のある言葉に置き換えて覚えるように，項目を種々の連合の助けを借りて，覚えやすい形あるいは符号に変化させること（符号化）です。

　④ **媒介**　A-Bのような対を記憶するとき，A-K-Bというように，中間に手がかりになるものを入れて，A-Bを関係づけて覚える方法です。例えば，

「いぬ—ねこ」を記憶するとき，「いぬ—動物—ねこ」と覚えるのは，それです。このような人為的記憶を発展させ，系統だてたものが記憶術です。

(2) 聴覚的記憶・視覚的記憶

人の読むのを聞いて，すなわち耳から覚えるのが聴覚的記憶であり，紙に書いてあるものを見て，すなわち目から覚えるのが視覚的記憶です。一般に小学校の低学年までは，聴覚的記憶のほうが視覚的記憶よりも優れていますが，年齢が進むにつれて，視覚的記憶のほうが能率的になります。

(3) エピソード記憶・意味記憶

エピソード記憶は，長期記憶のうち，いつ，どこで学習したかを特定できることがらの記憶であり，意味記憶は，学習の時と場所を特定できない知識についての記憶です。記憶をよくするためには，意味記憶でなく，エピソード記憶として貯えることです。つまり，できるだけ自分の経験に結びつけることが大切です。例えば，法則も「教科書のどこにあり，いつ勉強したか」と関係づけると，よく記憶されます。

(4) 記憶の型の個人差

記憶の仕方は，人によって違います。人によっては，聞いたことよりも見たことのほうをよく覚え（視覚型），あるいは反対に見たことよりも聞いたことをよく覚え（聴覚型），声に出して読むとか書くと覚えやすく（運動型），さらに，これらが入り混じったほうがよい（混合型）など，いろいろです。しかし，一般には個々の感覚器官をばらばらに使うよりも，目・耳・口・手など，あらゆる器官を同時に働かせることが，最も能率的です。

4 記憶力の訓練

記憶の仕方を工夫することによって，成績も違ってきます。

■ 記憶の訓練とその効果

　ある研究では，記憶の仕方を教え，一定の材料（詩と無意味な綴り）で訓練すると，その効果が他の材料の記憶にも波及することを示しています（ウッドロー，表 4-4）。

表4-4　第1テストに比べて第2テストが変化した割合（ウッドロー）

テスト内容	統制群	練習群	訓練群
詩の記憶	－33	－29	－11
散文の記憶	＋29	＋26	＋51
ことがら（内容）の記憶	－5	－5	＋13
日づけの記憶	＋29	＋38	＋88
語彙（トルコ語―英語）の記憶	－1	＋3	＋55
子音の聴覚的記憶（記憶範囲）	＋7	－6	＋20

　これは，学生に対して以下のような記憶の訓練を4週間にわたって（1週間に2回，1回19分〜28分）行ったものです。
① 全体をひとまとめにして学習する方法（全習法）
② 積極的に自分でテストする方法
③ リズムとグループ分けを用いる方法
④ 意味に注意したり，絵で表したり，意味を記号で表したりする方法
⑤ 注意を集中する方法
⑥ 記憶する能力に自信をもつ方法
⑦ 他のものと結びつけて覚える方法

　このような方法を教えながら記憶の訓練をしたグループ（訓練群）と，やり方を教えず，ただ練習しただけのグループ（練習群），およびこの練習期間の前後に与えられたテストだけを受けたグループ（統制群）は，各種のテストで上表のような成績を示しています。明らかに，記憶の仕方を教えた訓練群は，すべてのテストで統制群，練習群よりもずっとよい成績を示しています。

5 上手な覚え方——効果的な記憶法

どうすれば，速く覚えることができるか，その方法についてあげてみます。

① **覚えようとする意欲をもち，努力すること**　ただ読むだけのときよりも「覚えよう」という意図をもって学習したときのほうが成績がよくなります。

② **心を平静にすること**　記憶力は感情によって左右されます。感情との関係は，次の3点から考えられます。

- いらいらしたり，おこったり，心に悩みがあったりすると，記憶力はにぶる。特に学校の勉強のように，複雑で，難しい内容を記憶するときには，不安が少ないほうが有利である。過ぎ去ったことをくよくよしたり，先のことを心配していらいらしていてはうまく覚えられない。
- 覚えたあとの気持ちも記憶に影響する。記憶と直接関係のないことで不快な思いをしても，記憶が抑えられて思い出せないが，不快な気持ちが解消すると，成績がよくなることが示されている。記憶をよくしようと思うならば，毎日の生活を楽しくすることが大事である。
- 学習内容そのものの快・不快も記憶に影響する。学習内容が気持ちのよい印象を与えるほど，記憶されやすい。日常の学習でも，内容をよく理解し，積極的に取り組むことが大事である。

③ **学習時間を分けること**　多くのことを連続的につめこむことは避けましょう。ときどき休憩をいれて，繰り返すようにします（集中法より分散法）。

④ **学習内容を分けること**　やさしいものや英語の単語のように短いものは，そのまま覚えても覚えられますが，長い文章は，いくつかに区切り，一部分ずつ覚え，最後にひとまとめにして覚えます（全習法より分習法）。

⑤ **よく理解すること**　丸暗記よりも意味を理解し，意味を手がかりにして覚えるようにします（機械的記憶より論理的記憶）。**表 4-5**は，数字の

系列を覚える場合に，何回で覚えられるかを調べるためのものです（ギルフォード）。系列Xは，何も規則性をもっていませんが，系列YとZは，数が前の数より1，2，3……と増えるという規則性をもっています。記憶の際に，系列Zでは，ある規則性があることを教えておきます。各系列とも，数字を2秒に1つの割合で示し，大学生が何回で覚えられたかをみると，**表4-6**のようになっています。「規則性がある」といわれても，それが具体的にどんなものか気づかないときには，規則性がないときと同じように覚えにくいけれども，この規則性をつかむと，ずっと速く覚えられることがわかります。

⑥　**意味づけ・ふしづけをすること**　　意味を理解することが大事だといっても，歴史の年代とか，理科や社会の記号などには意味のないものもあるし，約束でできただけの記号もあります。このようなものを覚えるときには，よく知っている意味のある言葉とか知識とかに結びつけたり，ふしをつけて調子よく覚えたりするとよいでしょう。

記憶術はこのようなやり方を系統だてたものです。記憶術は，2つの間が連合しやすいことを示す連想の法則を基にしています。よく知られている連想の法則としては，次のものがあげられます。

表4-5　記憶した系列（ギルフォード）

系列X	系列Y	系列Z
2	5	8
3	6	9
7	8	11
10	11	14
19	15	18
24	20	23
29	26	29
32	33	36
48	41	44
58	50	53
65	60	63
72	71	74
88	83	86
91	96	99

表4-6　系列別の成績（ギルフォード）

系列	条件		学習にかかった回数
X	規則性なし。		3.2
Y	規則性あり。	気づかぬとき	4.6
		気づいたとき	1.4
Z	規則性あり。それを指示する。	気づかぬとき	4.5
		気づいたとき	1.2

類似の法則　よく似たものは連想しやすい。
　（例）なし——りんご，いぬ——ねこ
対比の法則　反対の関係にあるものは連想しやすい。
　（例）白——黒，大人——子ども
共在の法則　同時にあるものは連想しやすい。
　（例）机——椅子，ペン——インク
継起の法則　ひき続いて起こるものは連想しやすい。
　（例）春——夏，雷光——雷鳴

⑦　**体系づけること**　体系づけられた内容は，ばらばらのものより覚えやすい。そこで，あるきまりのもとに系統化し，分類するとよいでしょう。内容をよく整理して，(1)(2)(3)…と番号をつけたり，原因と結果，発生の順序などに分類して覚えたり，「これは大事だ」と思うところに赤鉛筆で線を引いたりするのも効果があります。

⑧　**思い出す順序に覚えること**　「ABCD…」をその順序で言うことはやさしくても，逆の順序に言うことは難しいものです。これは一定の順序で覚えたものを新しい順序で言うことがいかに難しいかを示しています。したがって，一緒に思い出さなければならないことがらは，一緒に正しい順序で覚え，前後のつながりをきちんとしておくことが大事です。

⑨　**図表に表すこと**　これは図表，場所，順序などと結びつけ，それを手がかりにして覚えるやり方です。意味のないものをばらばらに覚えるよりも図表と結びつけておけば，うまく覚えられます。また，図表を作ることによって，内容の理解も深まるし，その整理もできます。社会の勉強で年表を作ったり，山や川，都市の名前を白地図に書きこんだり，理科の勉強で，実験のようすを図示したり，変化を表にまとめたりすると，記憶しやすくなります。

⑩　**復唱すること**　学習の際，教材を単に読むだけでなく，自分で教材をできるだけ覚えようと復唱するほうが速く覚えられます。ここで復唱というのは，教材を1，2回読んだら，あとは本やノートをふせ，そらでいっ

てみるやり方です。つかえたら、また本やノートを見る。こうすれば、どのくらい覚えたかを自分で確かめることになり、もっと覚えようという意欲を引き起こし、間違いを早く直したりするのに役立ちます。これは、運動技能の学習においても役立ちます。

6 忘却の心理

一度覚えても、そのままにしておいたり、別の新しいことを学習したりすると、前のものを忘れ、思い出せないものです。ここでは、覚えたものをどのように忘れるか、どこを忘れるか、なぜ忘れるか、忘却を防ぐにはどうすればよいかについて述べることにします。

(1) どのくらい忘れるか——量の変化

これについては、ドイツの学者エッビングハウスが、意味のない綴りを覚えたとき、どのくらいの時間がたつと、どのくらい忘れるものか、その量の変化を調べ、それを忘却曲線（実際は保持曲線）として、**図4-5**の

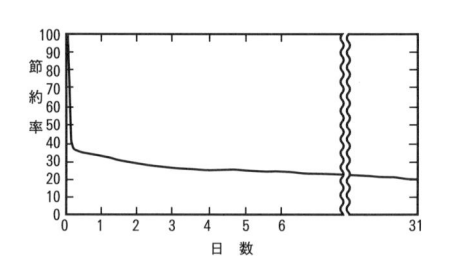

図4-5　忘却曲線（エッビングハウス）

ように示しています。これでみると、学習後1時間で50％以上忘れ、1日たつと約60％、2日たつと約70％忘れたことになる。しかし、それからあとは忘れ方が少なくなり、1か月たって約80％忘れたことになる。これは、意味のない綴りの忘却ですが、学習後1日、2日の間に大部分忘れてしまうことになります。したがって、この時期に復習をすれば、忘却を防ぐことができるということです。

なお、学校で学習することがらのように、意味のある、まとまった内容の場合には、忘却はもっとゆっくり進みます。**図4-6**は意味とかまとまりの程

度によって忘却の進み方が違うことを示しています（ギルフォード）。これをみると，理科や社会の記号のような意味のないものの学習では，意味づけをして覚えておくことが大事です。

　また，はじめの学習の程度も，忘却の進み方に影響します。**図4-7**は，これをよく示しています。これは，はじめによく学習したもののほうが（忘却曲線D），学習の程度の低いもの（忘却曲線A）より忘却の進行がゆるやかなことを示しています。

　さらに，ある学習を完成したあと，なお余分に学習すると（過剰学習といわれる），忘却が少なくなることも示されています（これについては，後に述べます）。

(2) どこを忘れるか——質の変化

　覚えたものを時間がたつにつれて，どのくらい忘れるか（量の変化）とともに，同じ忘れるにしても，どの部分をどのように忘れるかといった質の変化も大事な問題です。

　イギリスのバートレットという学者は，筋のある短いおとぎ話を二度読ませ，それから15分後，20時間後，2週間後，さらに数か月後というように10回も繰り返し再生させ，物語がどんな形に変わっていったかを調べました。

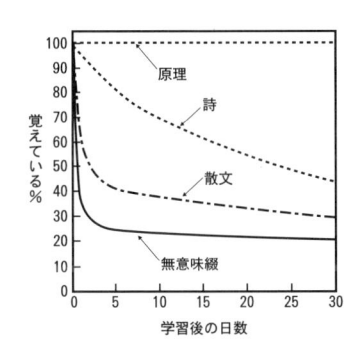

図4-6　忘却曲線（ギルフォード）　　図4-7　学習の程度と忘却（ゲーツ）

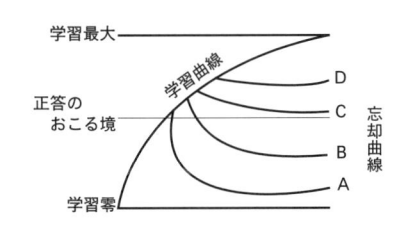

それによると，物語はあちこちの部分が除かれ，だんだん縮められること，表現の仕方がわかりやすくなること，話の筋が首尾一貫するようになること，などが明らかにされました。つまり，学習者のもっている見方，考え方に応じて，その枠組（シェマ）に合うように変えられていくと考えられるのです。なお，このような変化をまとめると，次の5つの型があるといわれています。

① **強調化（尖鋭化）**　本人の興味や関心のある部分だけが強調される傾向。

② **単純化**　全体が単純な形になる傾向。長い文章も簡単な表現に変わる。

③ **標準化（正常化）**　見なれたものとか，日常生活で標準になっているような形に変わる傾向。

④ **省略**　関心のない部分は，記憶が不十分なため省略されたり，脱落する傾向。

⑤ **合理化**　自分の都合のよいように，あるいは期待する方向に変化する傾向。

勉強の場合にも，このような変化が起こります。本人の過去の経験，現在の動機や要求，願望，興味，判断が影響し，それに一致する方向に変わっていくのです。

(3) **なぜ忘れるか——忘却の原因**

人はなぜ忘れるのかについては，次のような諸説があります。

① **時間の経過**　一度覚えたものも，そのあと使わなかったり，練習しなかったりすると，時間がたつにつれて自然に消えていきます。ちょうど，積もった雪がとけていくように忘れていくのです。前に示した忘却曲線は，その状態を表わしています（衰退説，崩壊説）。

② **学習後の活動**　1つのことを学習したあとで，それと似たようなものを学習すると，2つの間に混乱が起きて，前のものを忘れるというのです（葛藤説，干渉説）。第一の学習のあと，続いて第二の学習を行うこと

によって，第一学習の保持が抑制され，低下することを「遡及禁止（遡及抑制）」といい，その条件について研究しています。ある研究では，一方は，無意味のつづりを覚えたあとすぐ眠らせ，他方は，覚えたあと目をさまして普通の生活をさせ，そのあと，両方とも同じ時間がたってから記憶の検査をしました（ジェンキンス）。その結果，学習後，眠ったときのほうが，目をさましているときよりも忘却が少なくなっています（図4-8）。したがって，忘却は，次々と新しいことを学習することから起こる場合のほうが，時間の経過から起こる場合よりも大きいといえます。これは，1つのことを学習したあとは，静かにして，似たような学習を引き続いて行わないほうがよいことを示しています。

③ **抑圧** これは，不快なものは無意識の世界に抑圧する傾向があるという精神分析学の立場です（抑圧説）。この考えは，快の経験や快の学習内容のほうが，不快な経験や学習内容よりもよく保持されることから主張されます。

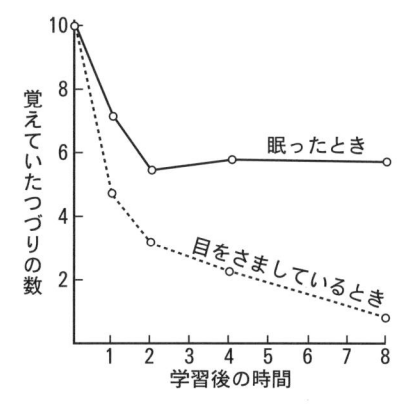

図4-8 眠りの効果（ジェンキンス）

④ **再構成** 物語の再生において，自分の枠組み，つまり動機や判断に合うように詳細な点を省略し，簡単にし，熟知しているものに変えていくことによって忘却が起こると考える立場です（再構成説）。

⑤ **検索の失敗** 情報処理の考え方で，再生できないのは記憶が失われているためではなく，再生のときに再生に必要な適切な手がかりがないために一時的に検索できないことから起こると考えるのです。したがって，適切な手がかりが与えられると，その知識を検索でき，思い出すことができることになります（検索失敗説）。このようなことは確かに日常よく経験します。

このように，忘却にはいくつかの説明がありますが，実際には，これらがともに働き合って，現実の忘却を生じるといえます。

(4) 忘却の防ぎ方

勉強では，せっかく覚えたことは，できるだけ忘れないようにすることが大事です。そこで，忘却の過程や原因を考えて，どうすれば忘却を防ぐことができるか，その方法をまとめておきます。

① **初めの学習を完全にすること**　初めによく覚えておくと忘れないことは，ふだんの経験からも明らかです。また，「これですっかり覚えた」と思ったときにも，なお，2，3回余分に繰り返し練習すると（過剰学習），忘却が少なくなることも示されています。ある研究では，単語12個の系列を，初め100％，150％，200％まで学習させ，そのあとで忘却を調べています（クリューガー）。なお，100％というのは，1回間違いなく反復できるまで学習することを意味し，150％，200％というのは，1回間違いなく反復できるのに必要とした回数の，それぞれ1.5倍，2倍学習したことを意味しています。その結果は，図4-9のとおりです。明らかに，初めの学習の程度が増すほど，忘却が少なくなっています。

② **意味を理解して覚えること**　すでに，覚えるとき，意味を理解したり，意味をつけたりすると速く覚えられるといいましたが，これは，忘却を防ぐのにも役立ちます。

③ **興味をもって覚えること**　興味をひくもの，快の印象を与えるものは忘れにくいものです。したがって，いつも学習に積極的に取り組み，楽しく勉強することが大事です。いやいや勉強したのでは，同じ時間かけても効果は少なくなります。

④ **早めに復習すること**　忘却は，すでに述べたように，学習直後に起こるので，復習はできるだけ早く行うようにします。ある

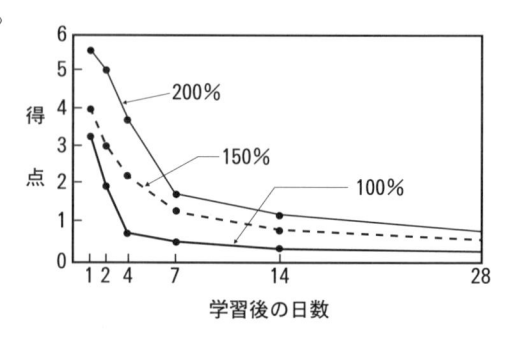

図4-9　過剰学習と忘却（クリューガー）

研究では，復習を，①学習後すぐした場合，②1日後にした場合，③復習をしない場合で，どのくらい忘却が違ってくるかを比較しました（ロビンソン）。その結果は，図4-10のとおりで，復習は早いほど効果が大きいことがわかります。

⑤　似たものは続けて学習しないこと　　1つの科目を勉強したならば，あとしばらく休み，それから別の学習を始めることです。例えば，社会のあとは算数というようにすれば，悪い影響を少なくすることができます。それは，似たものを続けて学習すると，2つのものの間に混乱が起きて，あとのものを覚えにくいし，前のものを忘れることになるからです。前にも説明しましたが，1つのことを学習したら，あとすぐ眠るほうが，目を覚ましているよりも忘却が少ないというのと同じ理由です。したがって，覚えたあとは，しばらく休憩することが大事です。

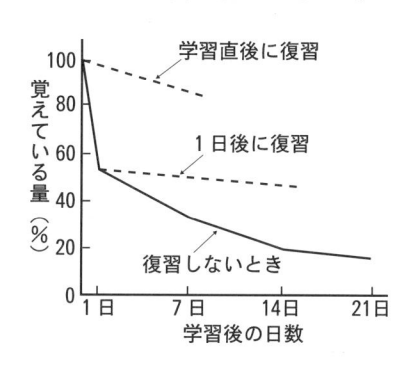

図4-10　復習の時期とその効果（ロビンソン）

■指導のポイント

1. 記憶力とは何か，記憶はどのような過程を経て進むかについて理解させます。
2. 記憶にはどんな型があるのか理解させ，自分はどの型を用いているか考えさせます。
3. 上手に覚えるために，日ごろどんな工夫をしているかを考えさせます。
4. 忘却はどのように進むかを理解させます。
5. 忘却はなぜ起こるか，忘却を防ぐため，どんな工夫をしているかを考えさせます。

第5節 思考力を伸ばす

1 思考力とは

　思考力とはどんな力でしょうか。思考，すなわち考えるとは，「ものとものとの間に関係をつけること」です。思考力は，知覚や記憶によって頭の中に貯えられた内容をいろいろに関係づけ，新しい関係をつくり出す力だといえます。この力には，次のようにいろいろの面があります。

　① **抽象作用**　「いぬとねことは，どこが似ているか」というように，2つ以上のものの特徴を比べ，似ているところを取り出す働き。この抽象によって，2つ以上のものの類似点を取り出しまとめたものが「概念」です。

　② **判断作用**　2つ以上の概念の間の関係をつける働き。例えば，「りんご」と「果物」の概念から「りんごは果物である」という関係をつける働きのことです。

　③ **推理作用**　よく知られている，2つ以上の判断の間に関係をつけ，新しい判断を導き出す働き。

　④ **問題解決**　ある問題に含まれているいろいろな条件を考え，その条件の間の関係を整理して，1つの解決方法を見つけ出す働き。算数の文章題を解くような場合がこれです。

　⑤ **創造的思考**　与えられた問題を解くとき，過去の経験や知識に頼ることはもちろんですが，自分の考えでそれらを組み合わせ，まったく新しい

関係をつくり出す働きです。実際には経験していない新しいことを心の中に思い浮かべる想像力が強く働いています。この想像には，比較的受動的に起こり，目的がはっきりしていない受動的想像（連想的想像）と，目的がはっきりしていて自発的に新しいものを思い浮かべる能動的想像（創作的想像）とありますが，後者は特に創造力に関係しています。

2 思考の型

　思考は，次のようにいろいろの型に分けることができます。勉強のとき，いずれの型を用いているか考えてみましょう。その好みは，「学習スタイル」です。

　① **具体的思考と抽象的思考**　　前者は，実際のものについて，しかも実際的に操作して考える思考であり，後者は，言葉や記号を通して考える思考です。

　② **再生的思考と生産的（創造的）思考**　　前者は，過去の記憶に訴え，それをもとにして考える思考であり，後者は，過去の経験や知識に頼ることはもちろん，それらを組み合わせ，まったく新しいものをつくり出す思考です。

　③ **主観的思考と客観的思考**　　前者は，自分の主観・欲求・感情をまじえた思考であり，自分の立場で自分本位にものを考える自己中心的な思考です。欲求や感情が強く働いて，正しい判断ができないことがあります。後者は，主観をまじえず，だれがみてももっともだと思われるようにものごとを考える思考です。自分の気分でなく，理詰めに考える思考です。

　④ **帰納的思考と演繹的思考**　　前者は，個々の具体的事例から，それらに共通する結論や一般的法則を導き出す思考であり，後者は，一般的法則を具体的事例に適用していく思考です。授業では前者に訴えて理解させるときには帰納的指導法といわれ，後者に訴えて理解させるときには演繹的指導法といわれます。どちらの指導法を好むかは，人によります。

⑤ **直観的思考と反省的（批判的，分析的）思考**　前者は，自分の考え方がよいか悪いかを吟味したり，批判したりしないで，直観的に思いつく場合であり，後者は，自分の考え方が正しいかどうかを吟味し，批判しながら考えを進める場合です。

⑥ **集中的思考と拡散的思考**　前者は，多くの資料から論理的に筋道を立てて，一定の結論を導き出す思考であり，いくつかの考え方を比較・検討し，1つの解決を導き出す場合です。後者は，限られた資料や手がかりから，いろいろ新しい考えをつくり出す働きであり，1つの問題に対して，いろいろの解き方を考え出す思考です。創造的思考の1つの特徴です。

3 思考力の発達

思考力は，思考力検査で調べると，得点は年齢に伴って増加し，その発達を示しますが，その考え方にも変化が見られます。

第一は，「具体的思考から抽象的思考へ」であり，第二は，「主観的思考から客観的思考へ」の変化です。

具体的思考は，前述のように目に見える具体的な事物に基づいて一般的な関係を知る働きであり，抽象的思考は，具体的な事物に即して考えないで，言葉や記号によって論理的に考える働きです。

主観的思考は，自分の主観，欲求，感情をまじえた思考であり，客観的思考は，主観をまじえず，だれが見ても，もっともだと思われるように物事を考える思考です。

具体的思考と主観的思考は，幼児から小学校低学年までの子どもに見られる思考方法で，小学校中学年ごろになると，この傾向は次第に減り，小学校高学年から中学生ぐらいで抽象的思考，あるいは客観的思考ができるようになります。これは，学習にも反映し，算数の問題解決においても抽象的，客観的な思考ができるようになります。

4 思考力の訓練

　思考力は，前述のように年齢に伴って発達しますが，今日の教育では，特に考える力の育成を目標にあげ，教育課程や教授法の工夫をしています。確かに算数や国語などの授業で，考え方を教え，訓練すると，思考力検査の得点がよくなることが示されています。

　例えば，ある研究では，初めに高校生の3つのグループに一般的な推理力のテストをし，そのあとで，グループ1には，幾何を教える場合，具体的な事実から一般化することや，類推の仕方など，思考の仕方について意図的に指導し，グループ2には，幾何だけ教え，思考の仕方については教えず，グループ3には，幾何も教えませんでした。そのあとで，各グループに再び推理力のテストをし，第2回めの推理力の得点がどのくらいよくなったかを調べています（アルマー）。

　その結果は，**表4-7**のとおりです。

表4-7　思考訓練の効果（アルマー）

グループ ＼ 知能指数	100以下	100―119	120以上
思考の仕方も教える	24.2	25.2	30.7
幾何だけ教える	5.0	8.3	13.4
幾何も教えない	5.1	5.1	4.0

　思考の仕方について教えると，材料の違う推理にもよい影響が現れることがわかります。しかも，知能の高いものほど，その効果が現れています。これをみると，考え方を訓練すると，その力が伸びることがわかります。したがって，ふだんから考え方を訓練し，考える力を伸ばすことが大事であるといえます。

5 問題解決の方法

国語や算数の問題の解決は，どのように行われるのでしょうか。

一般には，問題解決の過程は，次のように考えられています（ポリア）。

① **問題を理解すること**　問題の中で，知られていることと知られていないことを見分け，問題を表すために算数の記号のような適当な記号を用います。

② **計画を立てること**　問題解決にとりかかるための適切な行為を決めます。例えば類似の問題について考える，問題を下位目標に分析する，問題を言い換える，などは計画の立案において有効です。

③ **計画を実行すること**　問題を解決するために，決められた行為を遂行し，それらの効果をチェックします。

④ **振り返ること**　解決が正しいか，それを達成するほかの方法はないかなどについて吟味することです。つまり，問題に対する解き方の全体について，その効果を評価することです。

さらに，近年，ブランスフォードらは，認知心理学の立場から各段階の頭文字をとって IDEAL として知られている類似の問題解決法（発見法）を提唱しています。参考までに，その段階をあげておきます。

I：問題を見分ける（Identity）。
D：問題を定義し（Define），表現する。
E：可能な方略を探究する（Explore）。
A：方略に基づいて行動する（Act）。
L：振り返り（Look back），自分の行動の効果を評価する。

6 問題解決の具体的な手続き

問題解決の一般的方法を紹介しましたが，ここでは，実際に国語や算数の

問題を解く場合に、どんな順序、どんな方法で考えていけばよいかについて述べます。

① **問題を明らかにする**　まず、問題をよく読み、問題の意味をはっきりさせます。何を求めているのか、要点は何かをはっきりつかむことです。

② **要点を忘れないようにする**　問題の要点がはっきりしたら、それを頭にしっかり入れておくようにします。うっかりすると、はじめの目的を忘れ、横道にそれてしまうことがあります。

③ **前にやったことを思い出す**　問題を読んだときに、前にこれと似た問題をやったことがないかどうかを思い出してみます。過去の経験が豊かなほど、問題もよく解けます。

④ **順序を立てて条件を整理する**　問題をよく読み、問題に含まれている条件を1つずつ取り出し、それがどんな関係で結びついているかをはっきりさせ、整理します。

⑤ **1つの方法にこだわらない**　正しい考え方をしていると思っても、うまく解決できないことがあります。1つの解き方がいろいろな角度から見て役に立たないとわかったら、頭を切り換え、他の方法を考えるようにします。また、いい方法が見つからなければ、しばらくその問題を考えるのをやめ、しばらくたってから、再びその問題に戻るようにします。すると、新しい解き方を思いついたり、前に気づかなかったことに気づいたりするものです。

⑥ **解き方を検討する**　問題が解けたと思っても、すぐ安心してはだめです。それがほんとうに正しいか、条件に合っているか、常識的にみておかしいところがないかを検討してみます。

⑦ **必ずまとめる**　解決したときには、その解き方、考え方をまとめ、「このような問題は、このように考える」という1つの法則を作ります。まとめができていると、次の問題に進んだとき、応用がきくようになります。

⑧ **表と裏から考える**　山に登るにもいろいろのコースがあるように、1つの問題にもいろいろの解き方があります。いろいろの解き方をすると、

1つの問題であっても，数個の問題を解いたのと同じ効果があります。ただ，むやみにたくさんの問題を解くよりも，基礎になる問題をたんねんに考えるほうが力がつきます。

⑨ **慣れた形に置き換える**　推理の問題を解くようなとき，問題が慣れた言葉で表されているときのほうが，慣れない言葉で表されているときよりも成績がよくなっています。

⑩ **図に表す**　考えるとき，ただ頭の中で考えるよりも問題を図や表に表し，具体的な形で考えると，うまく解けます。

⑪ **落ちついて考える**　早飲み込みは禁物です。また緊張しすぎたり，いらいらしていてもだめです。落ちついて，慎重に考えるようにします。

⑫ **自己点検・自己評価をする**　問題解決の全過程において，振り返り，自分の考え方，解き方がよいか，悪いかを自分でチェックし，誤りがあれば，それを訂正して，前に進むようにします。

7　集団思考の生かし方

　集団思考は，多くの人が集まって考えることです。集団で問題を解くときには，1人の場合よりも，問題に対して一層広い範囲の経験や知識をもちより，よい方法を思いつくことがあります。ところが，その反面，集団の各自の経験や興味・能力には違いがあります。そこで，各自が勝手にいろいろの思いつきをもち出すと，意見を一致させることが難しくなります。

　集団思考の効果を高めるためには，次の点に注意します（3章1節の「グループ学習の生かし方」参照）。

① **解決の目標を明らかにする**　みんなで解こうとする問題は何かをはっきりさせます。そして，各自がそれを解決しようとする意欲をもつようにします。

② **各自の役割を明らかにする**　思考を進める際に，自分は集団の中でどんな役割をもっているか，自分のやることがほかの人の仕事にどんな関係

をもつかをよく理解します。みんなが問題の解決に参加できるようにすることです。

③ **各自が自由に発言できるようにする**　能力のある人，積極的な人だけが発言し，ほかの人は傍観しているようでは，集団思考の効果は上がりません。全員が発言できる雰囲気をつくることが大事です。

④ **成功・失敗は全員の責任と考える**　成功したときには，「自分がやった」といい，失敗したときには，「だれが悪い」と責任を個人に押しつけたりしないようにします。みんなの協力がうまくいかなかったと，反省することが大事です。

8 問題解決に影響する条件

(1) 学習者の能力・適性

知能の高い人のほうが，低い人よりも思考が優れ，問題解決が速い傾向があります。

しかも前者には洞察型の解決が多く，後者には試行錯誤型の解決が多く見られます。洞察型の解決では，問題の内容・構造（しくみ）を理解し，目標とそれに到達する手段・方法との間の関係をよく理解し，見通しを立て，「あっ，わかった」という感じ（アハー体験）をもって問題を解決します。これに対して試行錯誤型の解決では，Aの方法を用いて失敗すればBの方法を用い，また失敗すれば，さらに他の方法に訴えるというように，手当たり次第に方法を変えて，ついに偶然，問題解決に成功するのです。実際の勉強では，問題をよく分析・理解して，よいと思う方法を順次用いるようにするのがよいでしょう。

なお，本人のもつ思考の型も解決に影響します。思考の型にはいろいろの分け方がありますが，スターンバーグという学者は，これを分析的思考，創造的思考，実際的思考に分けて，その好みが，生徒のどんな特徴となって現れるかを示しています（**表4-8**）。分析的思考は，複雑なものを単純な要素

202　第4章　能力の伸ばし方

表4-8　分析的，創造的，実際的思考を好む生徒の特徴（スターンバーグら）

分析的	創造的	実際的
高い成績をとる	中位から比較的低位にわたる成績をとる	中位から低位にわたる成績をとる
高いテスト得点をとる	中位のテスト得点をとる	中位から低位にわたるテスト得点をとる
学校を好む	学校により制限されていると感じる	学校により退屈にされていると感じる
教師に好かれる	しばしば，教師に不快な者とみなされる	しばしば，教師に無縁の者とみなされる
学校に適合する	学校にあまり適合しない	学校にあまり適合しない
指示に従う	指示に従うのを好まない	どんな課題と指示が役立つかを知ることを好む
アイディアの欠点を見つける	自分のアイディアを提案することを好む	実用的方法でアイディアを応用する
生来の批評家	生来のアイディアマン	生来の常識家
指示されることを好む	自分を指図することを好む	実際場面にいることを好む

に分解して考える思考であり，創造的思考は，新たな問題を初めて解決する思考であり，実際的思考は，実際場面の問題を解決する思考です。

(2) 学習者の構え

　構えは，問題場面に対し，その人がいかなる反応をするかを決める傾向です。この構えは，問題解決に影響します。

　例えば，**表4-9**の水汲み問題（大きさの違ういくつかの水がめで一定量の水を汲む）で，問題1では，29クォート（1クォートは約1.14リットル）の水がめに水を入れ，次にそれから3クォートの水がめで3回汲み出す方法を用い，問題2では，127クォートの水がめに水を入れ，次に21クォートの水がめで1回，3クォートの水がめで2回汲み出す方法を用いると，それ以後は，どの問題を解くにも，3回汲み出す方法を用いる傾向があります。しかも7番以後は次に述べるような簡単な方法で解けるにもかかわら

ず，3回汲み出す方法を用いるのです。7番は23－3，8番は15＋8で解決できます。これは，6番までは，3回汲み出す方法によって成功したので，この成功が一定の構えをとらせたことによります（ルーチンズ）。

このような構えの悪い影響を除くには，解き方を絶えず変えないと解けないように問題を配列するとよいのですが，本人も他に解き方がないかを，いつも考える習慣をつけることが大事です。

表4-9　水汲み問題（ルーチンズ）

問題番号	用いる水がめの大きさ			汲むべき水の量
1	29	3		20
2	21	127	3	100
3	14	163	25	99
4	18	43	10	5
5	9	42	6	21
6	20	59	4	31
7	23	49	3	20
8	15	39	3	18
9	28	76	3	25
10	18	48	4	22
11	14	36	8	6

(3) 機能的定着

これは，1つの対象が，あらかじめ，ある1つの機能を果たすように経験していると，次に別の機能を果たすように使用することができない傾向です。例えば，ものさしとして用いてきた棒を，ものさし以外の用途のために用いるのが難しくなるのはそれです。

(4) 言語化

問題を解いているとき，学習者が自分の考えを言葉で表すことは，自分の考えを順序立て，系統立てるのに役立ち，問題解決を促進します。しかも，それと似た問題を解くときにも役立ちます。これは「発声思考」といわれています。

9　思考の誤りの原因

問題解決の優れた人は，次の特徴をもつといわれています（シュンク）。
- より多くの宣言的知識（ものごとについての知識）をもつ。
- 階層的によりよくまとめられた知識をもつ。
- 問題の形式をよりよく理解する。
- 問題解決の過程をより注意深く見つめ，チェックする。
- 解決の方法を用いることについての価値をよく理解する。

しかし，優れた思考者でも失敗することがありますが，その理由としては，次のようなことがあげられています（スターンバーグら）。
- 意欲がない。
- 衝動をコントロールできない。
- 根気がない。
- 能力を正しく用いない。
- 考えを行動に移す力が不足している。
- 最後の結果に無関心である。
- 課題を最後までやりぬく力が不足している。
- 取りかかりに失敗する。
- 失敗を恐れる。
- 引き延ばしをする。
- 他の人に責任をかぶせる。
- 過度に自分をあわれむ。
- 過度に人に頼る。
- 個人的な問題に悩む。
- 注意散漫である。
- 手を広げすぎる。
- 満足を先まで延ばすことができない。
- 小さいことにこだわり，大事なことを見のがす（木を見て森を見ない）。
- 分析的思考，創造的思考，実際的思考のバランスを失う。
- 自信をなくしたり，自信を大きくもちすぎる（自信の過小と過大）。

能力があると思いながら，うまく問題が解決できないときは，この中のどの理由によるか考え，それを直すようにするとよいでしょう。

■指導のポイント

1. 思考力とはどんな作用かについて理解させます。
2. 思考にはどんな型があるか理解させ，自分はどの型を用いているかを考えさせます。
3. 問題解決はどんな順番に行うのがよいか考えさせます。
4. グループで問題解決を行うとき，注意すべき点を考えさせます。
5. 問題解決で失敗したとき，その原因を考えさせます。

第6節 創造力を伸ばす

1 創造力とは

　教育では，いつも思考力や創造力（生産的思考力）を伸ばすことが大事だといわれています。この創造力は，思考力の中で，特に新しいものを考え出す点を強調し，「はじめて価値のあるものをつくり出す能力」と定義されます。創造力のある人は，次のような特徴をもっています。
- 着眼点がよい
- いろいろな考え方がすらすら出てくる（流暢性）
- １つのことをいろいろな角度から考えることができる（柔軟性）
- 珍しい考えを生み出すことができる（独創性）
- きちんと計画を立てることができる

　なお，このような創造力のある人は，性格の面からみても，次のような特徴があります。
- 機知に富んでいる
- 社交的である
- 融通がきく
- 陽気である
- 気まぐれである
- わがままで，みえっぱりである

- ユーモアを理解する
- 型破りのところがある

前述の知的な能力とこの性格の両面を合わせて「創造性」という言葉も用いられます。

2 創造力を測る

この「新しいものをつくり出す能力」を調べるために，いろいろの検査が工夫されています。それは例えば，ボタン，時計，眼鏡，自動車のタイヤなど，日常見なれているものについて，ふだんと違った使い方を考えさせる問題を含んでいます。その場合，だれも思いつかないような使い方をすらすらと思いついた人が，創造力のある人といわれるのです。

図 4-11のようなパズル形式の問題も，創造力を調べるのに役立ちます。このような問題をすらすら解ける人は，創造力があるとみなされます（解答は**図 4-12**）。

3 創造力の伸ばし方

創造力を伸ばすには，柔軟性とか，流暢性とか，独創性とかを訓練することです。その方法には，次のような2つの基本的な方法があります。

① **珍しい場面について，変わった反応を引き出す**

いま，もっている知識や考え方では，うまく処理できない場面を与えて，変わった反応，珍しい反応を引き起こす。いろいろの角度から考える習慣をつける。

② **同じ場面を繰り返し与えて，違った反応を引き起こす**

同じ場面を繰り返し与えて，次々と違った連想をさせ，だれも思いつかないような，新しい反応をするまで繰り返す。

このような基本的な考え方に基づき，実際の教育場面では，次のような方

法が用いられています。

(1) ブレーン・ストーミング

これは，オズボーンが考えた集団思考の方法です。集団で自由連想を用い，集団の成員がある問題についてできるだけ多くのアイデアを思いつくままに

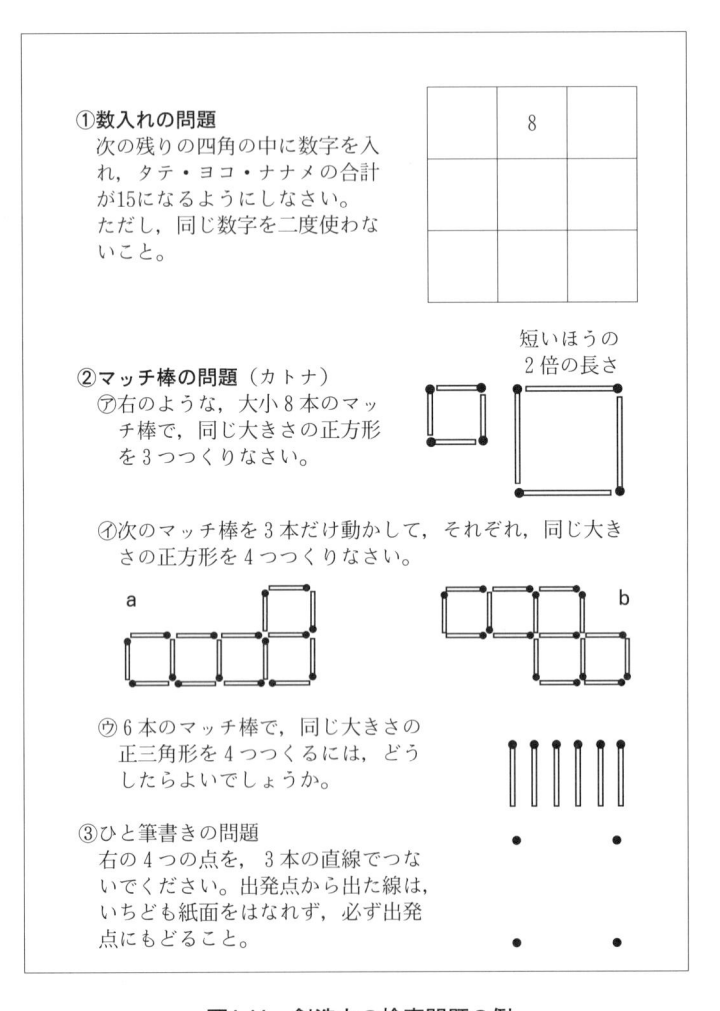

①数入れの問題
次の残りの四角の中に数字を入れ，タテ・ヨコ・ナナメの合計が15になるようにしなさい。
ただし，同じ数字を二度使わないこと。

②マッチ棒の問題（カトナ）
㋐右のような，大小8本のマッチ棒で，同じ大きさの正方形を3つつくりなさい。

短いほうの2倍の長さ

㋑次のマッチ棒を3本だけ動かして，それぞれ，同じ大きさの正方形を4つつくりなさい。

a   b

㋒6本のマッチ棒で，同じ大きさの正三角形を4つつくるには，どうしたらよいでしょうか。

③ひと筆書きの問題
右の4つの点を，3本の直線でつないでください。出発点から出た線は，いちども紙面をはなれず，必ず出発点にもどること。

図4-11　創造力の検査問題の例

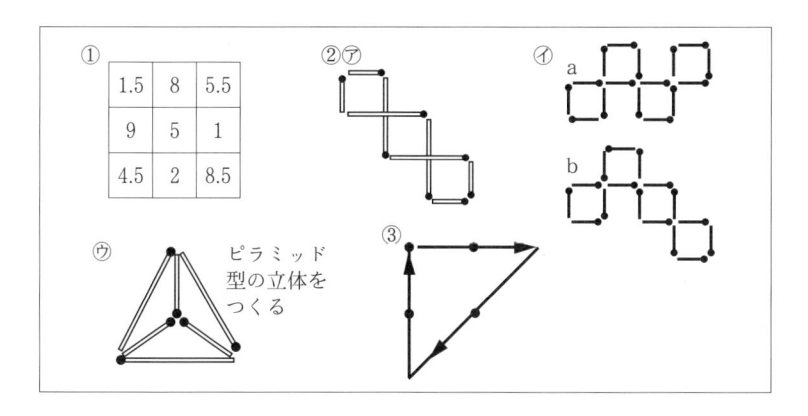

図4-12 創造力の検査の解答

提案するようにします。すべてのアイデアが出しつくされるまでは，それがよいか悪いかについては批判もしないし，評価もしません。つまり，次のルールを守るのです。

- 他人のアイデアを批判しない
- 直観的に発表する
- 質より量を重んじる
- 他人のアイデアを活用する（手がかりにする）

一般的には，5～10人の小グループで，40～60分ぐらい行われます。そして，すべてのアイデアが出しつくされたならば，①目標を達成できるか，②実行可能か，③合法的か，などの基準に照らして最善の解決方法を選びます。

なお，1人で自問自答する場合には，ソロ・ブレーン・ストーミング（個人的ブレーン・ストーミング）といわれます。

オズボーンは，創造的なアイデアを出すようにするため，多くの質問を工夫しています。ここでは，その一部を紹介します（**表4-10**）。ソロ・ブレーン・ストーミングのつもりで，日常の勉強の際にも自問自答してみるとよいでしょう。

また，トーランスは，新しい思いつきを引き起こすための原理を正方形の

表4-10　ブレーン・ストーミングで用いる質問（オズボーン）

1．	新しい用途	それを用いる何か別の方法があるか。それを変えると，別の用い方ができるか。
2．	適合	他の何がこれに似ているか。うまくあてはまるか。
3．	変容	その意味・色・動き・音あるいは形は，どうすれば変えることができるか。
4．	拡大	それを強くするためには，何を加えるか。それの価値を増すために何を加えることができるか。
5．	縮小	それを小さくするためには何をすればよいか。
6．	置き換え	そのかわりに何を用いることができるか。
7．	再配列	出来事の順序を変えると，何が起きるか。
8．	反対	正反対のことをすると，どうなるか。役割が逆になると，どう感じるか。
9．	結合	どうすれば，これらのアイデアを結びつけることができるか。

変形によって例示しています（図4-13）。1つの正方形も，思いつきによって，このようにいろいろの形に変えられるのです。

(2) 研究技術の教授

新しい考え方や解き方を思いつくような勉強や研究の仕方を教えることです。ある問題を解くとき，自分ならこう思うといった仮説を立て，次にその仮説が正しいかどうかテストや実験をします。そのテストや実験の結果で，次の新しいところに進んだり，もう一度別の仮説を立てて，その研究や勉強を進めていきます。このような過程を教えるのです。前述の「問題解決の方法」は研究技術として役立ちます（トーランス）。

(3) 創造的な読み

本を読むとき，その内容を理解し，知識を取り入れたり，その内容が間違っていないか，どこがよいかなど批判しながら読んだりしますが，創造的な読みは，さらに一歩進めて，本を読むとき，その知識の用い方について，できるだけ多く考えさせるやり方です。自分の生活や学習において，その知識が

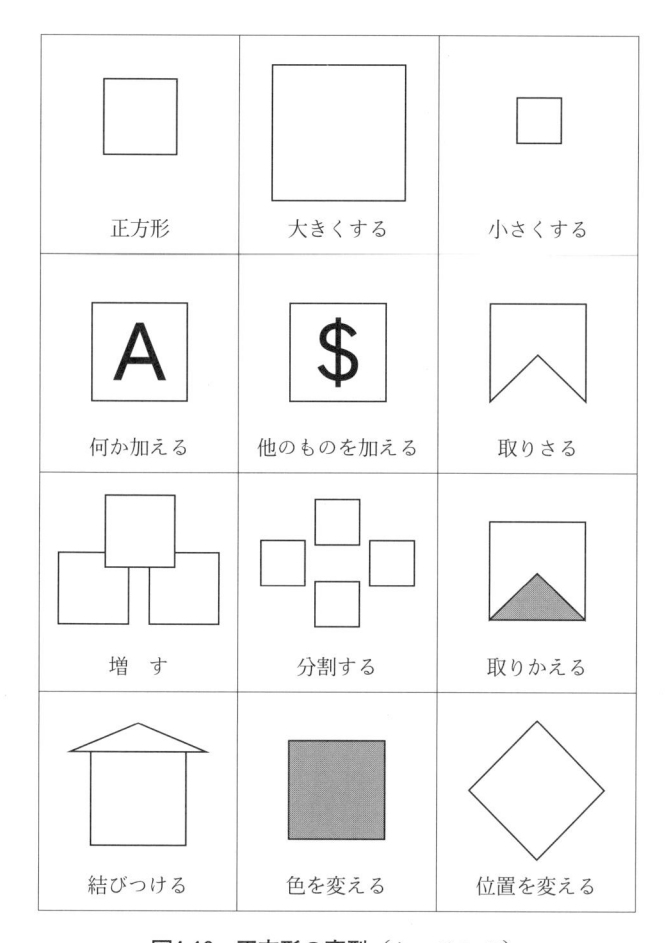

正方形	大きくする	小さくする
何か加える	他のものを加える	取りさる
増す	分割する	取りかえる
結びつける	色を変える	位置を変える

図4-13 正方形の変型（トーランス）

どのように用いられるかについて，いろいろの方法を考えさせるのです。つまり，「著者は，何をいっているか」を問うのではなくて，「著者がいっていることを，どうすれば用いることができるか」を問うのです。しかも1つの用い方にとどまらないで，できるだけ多くの用い方を考えさせます。

(4) **20の質問——質問訓練**

教師は，「いま1つの問題について考えている」といい，生徒に，ヒント

として「それは動物であるか，植物であるか，鉱物であるか」だけを告げます。生徒は，これに対して，その範囲をせばめ，それが何かを当てる質問をします。それぞれの質問に対して，教師は「そうです」「違います」「一部分」「ときどき」「普通の意味では違う」などと答えます。20の質問というゲームの名が示すように，質問はふつう20回だけ許されますが，難しいときには30回まで許されることもあります。これだけの質問で，生徒は，それが何であるかを言わなければなりません（テーラーとファウスト）。

　これは典型的なやり方を示したものですが，教室においても，生徒が質問し，教師は，それに対して「はい」「いいえ」だけで答える形式で授業を進め，一定の目標に到達させようとします。生徒は，1つの仮説を立て，質問でその仮説を検討し，正しいかどうかを判断していくことになるので，指導の仕方によって創造力を伸ばすことになります。

4　指導上の注意

　創造力を伸ばしていくとき注意しなければならない点として，次のことがあげられています（トーランス）。これは教師に対する注意ですが，生徒も遠慮なく，思いつきを発表することが大事です。

- 子どもが並外れた質問をしても，それを笑ったり，ばかにしたりしない。
- 珍しいアイデアと解決を尊重して扱う。無視したりしない。
- 子どものアイデアが価値があることを認めてやる。
- 自発的な学習に対し機会を与え，それを認める。
- すぐ評価するといった脅迫なしに，子どもが自由に学習し，自由に考え，発見する機会を与える。

5　生徒の心がけ

　創造力を伸ばすことはたいへん大事なことであり，前述のように，いろい

ろの指導法が工夫され，教師の注意すべき点もあげられています。しかし，生徒自身が日常の勉強において，これまで述べてきたような点から努力することが一層大事です。勉強や遊びのとき，次のような問題を考えてみるとよいでしょう。

（例１）数学の計算の勉強のとき，次の計算にならって，あとの問題を考えてみましょう。

$(6+3)-(8×1)=1$

問題は，「１，３，６，８の４つの数について，＋－×÷（　）の記号のどれかを使って答えが１になるような数式を，いろいろな形で，できるだけ多く考えること」である。ただし，４つの数は１つの数式一度ずつ必ず使うこと，記号は同じものを何回使ってもよいことが条件である。答えは，次のように，いく通りもある。

$3×1-8+6$，$3-1×(8-6)$，$3-(8-6)÷1$，$6×1-(8-3)$，$(3+6)×1-8$，$(6+3)÷(8+1)$　など。

（例２）正方形を４等分（同じ形で，同じ大きさ）にする方法を，できるだけたくさん考えて，図に示してみよう。

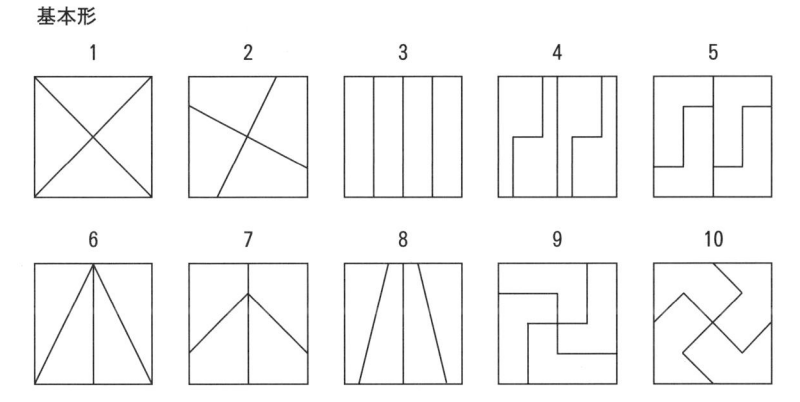

図4-14　正方形の４等分問題（辰野）

（例3）次のグループの中から，1つだけ他と違うものを見つけ，その理由をできるだけ多く書きましょう。

手紙・新聞・はがき・電話
　① 新聞　他は個人間の伝達手段
　② 電話　他は文字を使う

バス・飛行機・電車・トラック
　① 飛行機　他は陸上の乗りもの
　② 電車　他は燃料がガソリン（線路の上を走らない）
　③ トラック　他は人を乗せる

　このように，1つの問題について，いろいろの観点からアイデアを考えることによって創造力を伸ばすようにします。あまり難しく考えないで，日常の勉強の中で，このような学習態度を身につけ，実践することが大事です。

■指導のポイント

1. 創造力とは何か，その特徴を考えさせます。
2. 自分は創造力があると思っているか考えさせます。
3. 創造力を伸ばすために用いられる指導法について理解させます。
4. 創造力を伸ばすためにどんな工夫をしているか考えさせます。

第7節 技能を伸ばす

1 技能とは

　技能は,「物事を行う腕前とかわざ」といわれるもののことです。これには,例えば,読み・書き・計算の技能,資料を集める技能,観察・記録する技能,飼育・栽培の技能,歌唱・演奏の技能,運動・舞踊の技能,会話や討論の技能などまで含まれています。つまり,知的な理解を含んでいる知的技能から身体的な運動を主とする運動技能まで含まれているということです。

　この点について,ラグスデールという学者は,技能の種類を次の3つに分けています。

　① **事物─運動活動**　　これは,ものをいじったり,ものに直接ふれたりする活動で,家庭科,技術科における道具の使用,木材・金属などのものの操作,理科などにおける測定および記録装置の使用,スポーツにおける道具の使用などは,その例です。もちろん,このような活動も,社会的な反応や問題解決を含み,事物や出来事の知的な理解を必要とします。

　② **言語─運動活動**　　これは,身体活動を通して,ある考えを表したり,理解したりするために用いる場合です。運動は重要であり,巧みに行われなければなりませんが,活動の社会的,知的な内容がさらに重要です。言語器官の運動（例えば,発声）,読書における目の運動,書くことの運動などは,この型の運動です。この場合には,運動活動は,考えを記録し,受け取り,

伝える手段です。

③ **感情―運動活動**　踊り，描画，彫刻，唱歌，演奏などは，そのよい例です。これは，事物あるいは人に対する反応で，行動する者の態度，感情，情緒が重要です。活動の目的は，感情とか考えとかを他の人に伝えるよりも，むしろ，行動と内的感情とをいかに調和させるかにあります。この型の活動において，伝達が主要なものになるときには，それは言語―運動活動に変わり，事物と器具の取り扱いが重要なものになるときには，それは事物―運動活動となります。

このように，技能も，重点の置き方により，いろいろの型に分けることができますが，ここでは，一定の刺激を知覚し，それに筋肉運動的にうまく反応できるような運動技能について述べます。

なお，最近は「スキル」という言葉が広く使われ，コミュニケーション・スキル，社会的スキル，学習スキルなどというように用いられます。これは，物事をうまく処理できる能力，訓練の結果，習得した技能，技術と考えられ，技能と同義に用いられます。いずれにしても，反復練習した結果，意識しないで自動的に，しかも効率的に行えるようになった技能・技術をさしています。

2　技能の学習――練習曲線

技能の学習は，反復練習が中心になりますが，その学習過程は，認知の段階，定着の段階，自動の段階の3つの段階をたどるといわれています（フィッツ）。もちろん，これらの段階は重なっており，1つの段階から次の段階への移行は連続しています。

① **認知の段階**　学習者は，自分が学習すべき技能を頭の中で考え，どのように技能を実行するかを考える。

② **定着の段階**　技能の学習では，誤った反応，不必要な反応が起こらなくなるまで練習し，正しい行動の型が定着する。

③ **自動の段階**　技能を速く，誤りなく，しかも緊張感なしに行えるようになる。

ところが，練習がある点に達すると，それ以上の進歩は生理的に不可能になったり（生理的限界），同じ方法では，それ以上どうしても進歩しない状態（方法的限界）になったりします。

なお，技能は練習により進歩しますが，その進歩は，一般には図4-15のような傾向をたどります。これは練習曲線（学習曲線）といわれています。この曲線の特徴としては，次の6つの段階があげられています。

① 進歩の遅い時期—進歩はほとんど現れない。
② 進歩の割合がかなり速くなる時期
③ 進歩が遅くなる時期
④ 高原と呼ばれ，進歩がほとんど現れない時期—練習者が興味を失ったとか，疲れたときに現れ，また練習の方法を途中で変えるときにも現れる。
⑤ 徐々に進歩する時期
⑥ 進歩の割合が再び減少する時期

技能の練習では，このような傾向を頭におき，進歩しないときには，その原因を考えて，練習を続けることが大事です。

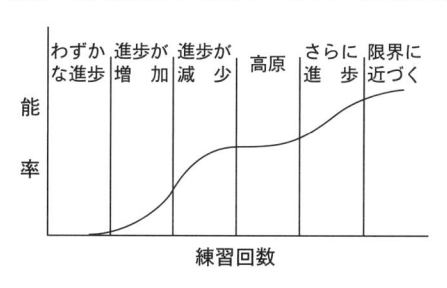

図4-15　典型的な練習曲線（マクドナルド）

3　練習の方法

① **集中法と分散法**　運動技能の練習では，練習の間に休憩を入れる分散法のほうが，休憩を入れない集中法よりも効果的です。

② **分習法と全習法**　運動技能には，水泳の飛び込みのように分割できない単位をなしているものと，野球のようにいくつかの単位の集合からなるものとあります。前者は単位に分けず，ひとまとめにして練習する全習法に

よりますが，後者はいくつかの単位に分けて少しずつ練習する分習法のほうがよいといわれています。しかし，単純な技能をあまり細かに分けて練習するのは，実際に用いられるものと違った型で練習することになり，練習の能率を下げることもあります。

　③　**模倣による練習**　　模範を見て練習することは，あらゆる段階において効果があります。モデルは，優れた技能をもつほうが効果がありますが，普通の技能をもつ仲間でも参考になります。

　④　**映画による練習**　　映画やビデオ，スライドを見て，技能の練習をすることも，適切な動き方を理解するのに役立ちます。しかし，映画やビデオが一度にたくさんの知識や模範を示すと，学習者はその知識を十分に理解できないし，自分で試みてみることもできないことがあります。

　⑤　**手引き指導による練習**　　技能の学習では，指導者が手をとって教えることがあります。これは，学習者に活動の筋肉的な知覚を与え，あるいは危険な操作を安全にさせることを意図しており，大事な方法ですが，学習者が積極的に練習しようとしないで，消極的に指導者の指導に従うだけでは効果はありません。

　⑥　**技能学習と思考・言葉**　　運動技能の学習では，筋肉の働きが主になりますが，対象や人の動きに適切に反応するためには，目や耳などの知覚も必要です。学習を始めるとき，説明を聞いたり，観察をしたりして，どのようにすればよいかを考えなければなりません。また，練習が進むにつれて，いいか悪いかを吟味し，自己批判しながら，つまり反省的思考をしながら練習することが必要になります。

　さらに，技能に含まれている行動を言葉で表すことも効果があります。技能をいくつかの段階に分けて言葉で表すことは，技能に含まれている行動の順序はもちろん，何をしなければならないかに注意を払うことになります。また，言葉に表すと，その言葉が手がかりになって，あとで，その行動を繰り返すときに役立ちます。

　⑦　**紙上練習**　　言葉による練習の効果はあるといいましたが，技能の順

序をあらかじめ紙の上で練習しておくのも，ある程度効果があります。

⑧ **メンタル・リハーサル**　頭の中で練習すること（メンタル・リハーサル）の効果は認められています。なお，特定の場面や技能を視覚的イメージに表し，それによって練習を行うことをイメージ・リハーサルとかイメージ・トレーニングということもあります。

頭の中で練習することは，実際の練習ほどではありませんが，次の点で技能の学習にとって有効だと考えられています（ローザー）。

- 以前の遂行を復習し，次の試行を計画するのに役立つ。
- 単純な技能において，動きの順序を計画するのに役立つ。
- 次の遂行における忘却の量を減少させる。
- 精神的な敏捷さ（注意）と精神的構えを持続し，次の練習にすばやく取り掛かれるようにする。

4　指導の効果

　運動技能の学習では，普通，教師やコーチの指導を受けます。この指導は，前述の練習のすべての方法に伴います。特に言葉による指導は，練習の初めに，目的・目標とか，やり方を説明するときに用いられます。技能の学習を言葉だけで説明し，指導することはできませんが，学習者が気がつかない誤りに注意を向けさせたり，正しい反応をほめたりすることによって練習の意欲を高めることができます。

　もちろん，技能の内容と練習の仕方を正確に説明しようとすれば，長くなり，学習者を退屈させることになります。

　また，指導の時期も大事です。ちょうどよい時に，適切な指導を与えることが必要です。これは，もちろん，技能の種類によっても異なりますが，ごく一般的にいえば，練習の初めに簡単に言葉で説明し，実際にやって見せ，直ちに練習を始めさせることです。最初の練習は，教示が始まってから数分以内に行わせるのがよいといわれています。

教師は，このような配慮のもとに指導しているので，学習者は，この指導を積極的に受けとめ，自らすすんで練習することが大事です。

■指導のポイント

1. 技能とは何か，どんな内容を含むかを理解させます。
2. 技能の学習はどのように進むかについて理解させます。
3. 技能を高めるためにどんな方法が用いられているかを理解させます。
4. 技能を高めるために，自分はどんな工夫をしているかを考えさせます。

第8節 応用力をつける

1 応用力とは

「基礎的な問題はできるが,応用問題ができない」
「学校の勉強はできるが,実力テストや模擬試験の成績が悪い」

このような悩みを訴える生徒は多く見られます。これまで勉強して身につけた知識や理解,問題解決力を新しい場面で十分発揮できないと,応用力がないといわれます。応用力があるというのは,「どんな環境においても,またこれまで学習したものと違った新しい問題に対しても,いままで学習したことをすばやく適用し,しかも正確に処理できる」ということです。今日,強調される「確かな学力」も,このような力をさしています。この問題は学習効果の転移として考えられます。

2 学習の転移

このように,1つのことを学習すると,それが他の学習に影響することを心理学では,学習効果の転移あるいは練習効果の転移といいます。略して,学習の転移,練習の転移といいます。厳密にいえば,この転移には,前の学習が後の学習によい影響を及ぼすプラスの転移(積極的転移)と悪い影響を及ぼすマイナスの転移(消極的転移)とありますが,転移といえば,一般に

プラスの転移をさします。この転移する学力を身につけた人が応用力のある人，実力のある人といわれるのです。

なお，この転移には，横の転移（水平的転移）と縦の転移（垂直的転移）とあります。

横の転移は，一定の課題を学習したあと，同じ原理で解けますが，やや難しい，新しい課題を解くことができる場合の転移です。例えば，2桁の加算を勉強すると，3桁の加算の学習が容易になるような転移です。

縦の転移は，前の学習の結果が，階層的にもっと程度の高い，あるいはもっと複雑な課題の学習に影響する場合です。例えば，加算の学習が乗算の学習に影響するような場合です。今日，発展的学習という言葉がよく用いられますが，これは縦の転移の1つと考えられます。

さらに，特殊的転移と一般的転移という区別もあります。

特殊的転移は，前の学習課題と後の学習課題の内容が重なり，多くの共通点をもっているときに起こる転移です。同じ教科内の学習においてよく見られるものです。

一般的転移は，前の学習課題と後の学習課題が内容において違っていても，前の学習において獲得した学習の仕方とか学習の態度とかが後の学習に影響する場合です。今日，自ら学び自ら考える力が大事だといわれていますが，これは各教科で学習した力が一般化され，生きる力となることをめざしているのです。

勉強では，応用力をつけたいと誰もが願いますが，このような転移のいろいろの場面を考えて勉強することが大事です。

ところが，転移の問題は，学校教育が始まった19世紀の頃から教育において大きな論争をひき起こしました。すなわち，人はいつでも応用できるから，学校では社会生活で必要となる推理力とか記憶力を訓練しておけばよいと考え，その訓練に役立ち算数とか論理学のような教科だけを教えればよいという立場（形式陶冶説）と，人はいつも応用できるとはかぎらないから，学校では，子どもが将来必要とするような知識，技能をできるだけ多く教え

る必要があると考え，多くの教科を教えようとする立場（実質陶冶説）と現れ，両者の間で論争が起こったのです。

そこで，どちらの立場が正しいかについて，心理学では，多くの研究や実験を行いました。その結果，転移が常に起こるというのも，またまったく転移が起こらないというのも行き過ぎであると考え，どんなときに転移が起こるか，できるだけ転移が起こるようにするには，どうすべきかが問題になりました。

3 転移の起こる条件

心理学では，どんな条件のとき転移が起こるかについて，認知領域，精神・運動領域，情意領域について広く研究し，転移の起こりやすい条件として，次のものをあげています。

① **学習の類似**　2つの学習の間で，学習の内容が似ているとか，態度や方法が似ているとか，めざす目標や目的が同じであるときには転移が起こります。足し算から掛け算へ応用がきくのは，両方とも「加える」という同じ操作を含んでいるからです。

② **学習内容の一般化**　一般的原理・法則は，具体的な事実や情報すなわち知識よりも転移しやすいという性質があります。すなわち，1つの場面における経験が1つの法則にまとめられるとき，他の場面にも転移するのです。一般的には有意味学習は機械的学習よりも転移を生じやすいといわれています。

③ **学習の方法の理解**　ものを覚えるとき，ただ丸暗記するよりも，覚え方を理解すると，次の記憶がうまくいきます。また，問題解決の学習においても分析，抽象，一般化（概括）の仕方について教えると，推理や理解を必要とする他の問題の解決がよくできるようになります。例えば，算数の文章題を解くときにも，条件の取り上げ方，その条件をもとにして考えを進めていく方法や式の立て方などを理解すると，新しい問題に出合ったときにも

うまくいきます。

④ **学習の程度**　初めの学習の程度が増すにつれて，次の学習への影響は大きくなります。すなわち，より徹底して学習されるほど，それは新しい場面に転移されやすいといえます。

⑤ **練習の場面と機会**　練習に対し，多様な例と多くの機会を与えられると，知識と技能は新しい場面に転移しやすくなります。この方法で訓練されると，多くの異なる文脈と連合して学習し，保持しているので，次のその文脈の1つに出合ったとき他の文脈の知識を回復しやすいといわれます。

なお，転移は，最初の学習と次の学習との間の時間間隔が増すにつれて減少します。間近に学習された知識は，より以前に学習されたものよりも再生しやすく，次の学習に影響します。

⑥ **学習者の能力・態度・不安傾向**　学習者の能力（知能）が高いと，学習場面に含まれている一般的原理をとらえたり，体系的にまとめることができるので，転移が起こりやすくなります。しかし，能力が低いときには，逆に消極的転移が起こることがあります。

また，本人が1つの学習の結果が，他の学習場面に応用できるかを考え，応用しようという積極的態度をとれば，転移は起こりやすくなります。

さらに，学習者の不安傾向と学習との関係では，学習材料がやさしいときには高不安の者が優れ，難しいときには低不安の者が優れる傾向がありますが，転移の場合も同様です。やさしい学習では高不安の者において積極的転移が起こり，難しい学習では，低不安の者において積極的転移が起こります。

4 応用力の高め方

どんなときに転移が起こりやすいか，応用がきくかについて，その条件をあげましたが，応用力をつけるには，この知識を生かすことです。この点について，次の3つの点から考えます（ウールフォルクら）。

① 転移を高めるためには何を学習すべきか。

② 教材はどのように提示されるべきか。
③ それは，いかに練習され，遂行されるべきか。

(1) 学習すべき内容

どんな内容が他の場面に積極的に転移しやすいか，さらにいえば学習するべきかについては，次のように考えられています。

第一は，読み，書き，計算，話し方のような基礎技能の学習です。これらの技能は，学校の内外におけるその後の学習や仕事に必要です。

第二は，知的技能の階層の学習です。より高度の，そして複雑な知的技能（問題解決）の学習は，その前提条件としての弁別，概念，原理を順次完全に習得することによって可能になるといわれます（ガニエの学習階層モデル）。このように，学習が低次のものから高次のものへといった順序に行われることは，ブルームらの研究でも示されています。そこでは，知識はすべての学習の基礎であり，知識を記憶し，再生することなしには，理解し，応用し，分析し（関係を見分ける），総合し（創造する），評価する（基準に基づいて判断する）ことはできないと考えます。

第三は，将来の生活に必要な生活技能です。これらの技能は，将来の生活に影響します。

第四は，問題解決技能と認知的方略，学習方略の学習です。これらは，ときに学習の構え，あるいは学び方といわれます。この学習は後の学習に影響します。この点から見ても，本書による学び方の学習は，現在および将来の学習に役立つといえます。

(2) 学習の仕方・させ方

第一は，徹底的に理解し，記憶することです。これは，新しい知識を既知の認知構造に有意味に関係づけ，取り入れることです。すなわち，知識を，それが長期記憶において貯蔵され，その後想起され得るように学習することを意味します。そこで，学習と記憶を有意味化し体制化する方略は転移の促

進にも役立ちます。さらに，原理は学習者がそれらを理解するだけでなく，それを言葉で記述できれば，一層転移されやすくなります。

　第二は，学習者が学習過程に積極的にかかわることです。発見学習，討議，独り学習，グループ実験，講義中の活動において学習者が積極的に学習に取り組むことです。この積極的関与は，理解を増し，積極的転移を生じます。

(3) 練習のさせ方

　第一は，新しく習得される概念，原理，一般化や技能を多様な場面において用いることです。その際，練習は，複雑で構造化（組織化・系統化）されていない問題場面において行うのがよいでしょう。それは，それが応用されるべき問題は必ずしも明確に定義されていないからです。さらに，後に作業しなければならない条件に類似した条件下で新しい技能を練習すると，その技能は積極的に転移しやすくなります。

　第二は，過剰学習させることです。つまり，一応目標とする学習完成の基準に達してからも，さらに継続して練習することです。

5　学校教育の課題

　以上，転移を促す学習の仕方，させ方について述べましたが，この問題は，これからの学校教育において特に重要です。

　今日，わが国の教育では，社会の急激な変化に主体的に対応できる能力を身につけさせるために，自ら学ぶ意欲と思考力，判断力，問題解決力といった自ら学ぶ力の育成を強調しています。確かに，今日のように急激に変化する社会を考えると，学校教育で習得した知識・技能では，社会に出てから役に立たなくなるものがあります。そこで，学校教育では，基礎・基本の徹底を図るとともに自分で学習する力，つまり将来の日常生活や職業生活において，何を，どのように学ぶかという学習の仕方についての能力，生涯を通じて自主的な学習者となる能力を養うことが必要だと考えられたのです。

この能力の育成は，学習効果の転移を前提としています。具体的には，例えば，算数の学習では，算数の問題を解くことにより，算数における知識，理解はもちろん，思考力，問題解決力を伸ばすことをめざしていますが，さらにそれが将来の生活場面において応用できる一般化された思考力，問題解決力，学び方に発展することが期待されています。そこで，算数の問題は，思考力，問題解決力を育成するための媒介物としての役割をもになうことになるのです。

この点については，教授法として2つの立場が考えられます。1つは，知識や法則を直接教えるための教授法であり，他は，知識や法則とともに思考の仕方，問題解決の方略を教えるための教授法です。内容としての法則そのものを教えるときには学習された知識の適用範囲は狭いが，問題解決の技能，方略を教えるときには，学習された能力の適用範囲は広くなります。したがって，一般化された思考力，問題解決力を発展させるためには，各教科において，第二の立場で，これに適した問題を選び，問題解決の仕方を学習させることが必要です。

この立場は，形式陶冶の主張を認めていますが，教育の効果を上げるためには，学習効果の転移の原理やその条件を考え，教育内容の構造化を図るとともに，学び方・学ばせ方について工夫することが重要になります。

■指導のポイント

1. 応用力とは何か，学習の転移の面から理解させます。
2. 転移の起こる条件について理解させます。
3. 応用力をつけるにはどうすべきかについて理解させます。
4. 学校の授業で，転移の起こるように工夫しているか考えさせます。

■参考文献

神山　潤　2005　「夜ふかし」の脳科学　中央公論社
川島隆太　2004　川島隆太の自分の脳を自分で育てる　講談社
重田定正・時実利彦・佐藤　正　1961　頭と心の管理　ダイヤモンド社
辰野千壽　1973　学習心理学総説　金子書房
辰野千壽　1989　学習スタイルを生かす先生　図書文化
辰野千壽　1994　学習心理学　教育出版
辰野千壽　1997　学習方略の心理学　図書文化
Biehler, R. F., & Snowman, J. 1982 Psychology applied to teaching. Houghton Mifflin.
Brophy, J., & Good, T. L. 1986 Teacher behavior and student achievement. In Wittrock, M. C. (Ed.) Handbook of research on teaching. Macmillan.
O'Donnell, A. M., Reeve, J., & Smith, J. K. 2005 Educational psychology. John Wiley and Sons.
Robinson, F. P. 1961 Effective study(rev.ed.) Harper and Brothers.
Slavin, R. E. 2000 Educational psychology. Allyn and Bacon.
Tussing, L. 1962 Study and succeed. John Wiley and Sons.
Woolfolk, A. E., & Nicolich, L. M. 1980 Educational psychology for teachers. Prentice-Hall.

■著者紹介

辰野千壽　たつの・ちとし

　　　現在：(財)応用教育研究所所長，学校教育研究所理事長，図書教材研究センター理事長，文学博士，筑波大学・上越教育大学名誉教授，(社)日本教育会会長，日本教材学会会長

　　　略歴：長野県生まれ。1944年，東京文理科大学心理学専攻卒業。東京教育大学教授，筑波大学副学長，上越教育大学学長を歴任，1989年，退官。

　　　主著：『学習心理学総説』『問題解決の心理学』(以上，金子書房)，『教育心理学』(国土社)，『教室の心理学』『授業の心理学』『学習心理学』(以上，教育出版)，『教材の心理学』(学校図書)，『学習適応性検査』『学習指導実践シリーズ・5部作』『学習スタイルを生かす先生』『自己統制力を育てる先生』『学習方略の心理学』『知能検査基本ハンドブック』『行動・性格アセスメント基本ハンドブック』『改訂増補　学習評価基本ハンドブック』『教室経営の方略』『教育評価事典（共編）』(以上，図書文化)

学び方の科学 —学力向上に生かすＡＡＩ—

2006年8月10日　初版第1刷発行　[検印省略]
2016年11月20日　初版第2刷発行

著者　辰野千壽
発行人　福富　泉
発行所　株式会社 図書文化社
〒112-0012　東京都文京区大塚1-4-15
TEL 03-3943-2511　FAX 03-3943-2519
振替00160-7-67697
http://www.toshobunka.co.jp/
装幀デザイン　守山敬之
印刷・製本　株式会社 厚徳社

©Chitoshi Tatsuno 2006, Printed in Japan
ISBN 978-4-8100-6473-5 C3037
乱丁・落丁の場合は，お取り替えいたします。
定価はカバーに表示してあります。

[JCOPY] 〈(社)出版者著作権管理機構 委託出版物〉
本書の無断複写は著作権法上での例外を除き禁じられています。複写される場合は，そのつど事前に，(社)出版者著作権管理機構（電話 03-3513-6969，FAX 03-3513-6979, e-mail: info@jcopy.or.jp）の許諾を得てください。

辰野千壽の本

教室経営の方略—望ましい教室のしつけ　A5判　本体1,800円
教室の秩序の乱れに際して、1日も早く健全な教室に戻るにはどうすればよいか。学習指導の権威が、内外の研究をもとに具体的な対処法を述べる。

学習方略の心理学—賢い学習者の育て方　A5判　本体1,500円
学力の向上につながる能率的な勉強法とはどのようなものか。学習方略に関する近年の研究を踏まえ、賢い学習者を育てるための方途を探る。

学習評価基本ハンドブック[三訂版]　A5判　本体1,800円
学習評価の理論を踏まえて、学校教育現場での具体的問題の解決に役立つ手がかりを提示する。「総合的な学習」の評価や絶対評価による評定法にも言及。

行動・性格アセスメント基本ハンドブック　A5判　本体1,500円
人の行動や性格はどうやって理解するか。アセスメントの立場から、より総合的な児童生徒理解をめざし、特に性格検査の正しい理解と活用のあり方を示す。

知能検査基本ハンドブック　A5判　本体1,165円
知能検査は個性を生かす学習指導に有効な資料を提供する。批判的にみられることの多い知能および知能検査の正しい理解と教育実践への活用に必携の要説。

科学的根拠で示す
学習意欲を高める12の方法　A5判　本体1,500円
学習心理学の第一人者による、学習意欲を高め学力向上を図る12のストラテジー。研究成果から根拠を示し、図表・イラストでわかりやすく示す。

■電子書籍版
　◆先生シリーズ
　　学習スタイルを生かす先生
　　自己統制力を育てる先生
　◆学習指導実践シリーズ
　　効果的な学び方・学ばせ方[改訂版]
　　考える力の伸ばし方[改訂版]
　　家庭学習の知恵[三訂版]

図書文化

※表示価格は税を含みません。